LA PENDEJÍSIMA
HISTORIA DEL
FUTBOL

LA PENDEJÍSIMA HISTORIA DEL FUTBOL

Antonio Garci

Diseño de portada: Liz Batta
Diseño de interiores: Claudia Safa
Ilustraciones de portada e interiores: Antonio Garci
Fotografía de autor: Citlalli Bayardi

© 2014, Editorial Planeta Mexicana, S.A. de C.V.
Bajo el sello editorial DIANA M.R
Avenida Presidente Masarik núm. 111, 2o. piso
Colonia Chapultepec Morales
C.P. 11570, México, D. F.
www.editorialplaneta.com.mx

Primera edición: enero de 2014
ISBN: 978-607-07-1971-4

Impreso en los talleres de Litográfica Ingramex, S.A. de C.V.
Centeno núm. 162, colonia Granjas Esmeralda, México, D.F.
Impreso y hecho en México – *Printed and made in Mexico*

Quiero dedicar este libro a las tres personalidades que más han impulsado el futbol en México:

A la Bío.

A la Bao.

Y a la Bim bom ba.

Agradecimientos.

Quiero agradecer sinceramente a la persona que tuvo la bondad de comprar este libro.

Por favor ponga aquí su nombre:

_____

ÍNDICE

Materialízate,
materialízate,
materialízate,

A MANERA DE PRÓLOGO
SAQUE INICIAL

Un país habrá llegado al máximo de su civismo cuando en él se puedan celebrar los partidos de futbol sin árbitros.
José Luis Coll, comediante español

El negocio del cine es macabro, grotesco: es una mezcla de partido de futbol y burdel.
Federico Fellini, cineasta italiano

Qué raro que nunca se le haya echado en cara a Inglaterra haber llenado el mundo de juegos estúpidos, deportes puramente físicos como el futbol. El futbol es uno de los mayores crímenes de Inglaterra.
Jorge Luis Borges, escritor argentino

La verdad, yo no entiendo el futbol, pero me parece algo maravilloso (lo mismo que le pasa a cualquier hombre con las mujeres). Y aunque en general soy bastante ecuánime frente a este deporte, sí me ocurre ese raro trastorno mental de sentirme mejor, más feliz e incluso hasta optimista cuando gana mi equipo (los Pumas de la UNAM), o la selección nacional (que al momento de escribir estas líneas son las Águilas del América, más algunos nacionalizados). Esa misteriosa sensación me parece de una anormalidad perturbadora, pues cuando triunfan, objetivamente hablando, mi vida no cambia en nada: mis deudas y mis deudores continúan allí; sigo padeciendo los efectos de la reforma fiscal, los plantones de la CNTE, la contaminación de la ciudad, la violencia, la inseguridad, la corrupción y la ineptitud de nuestros gobiernos y todos los hándicaps que ya por *default* te da el hecho de ser mexicano. Y a todo eso debo sumarle las broncas acumuladas que yo me genero y las que le causo al país. Sin embargo, aunque en mi vida todo sigue igual, me siento mucho mejor. (Tal vez esto se debe a que como, de cualquier manera, estos equipos ganan tan pocas veces no puede desdeñarse ninguna oportunidad para celebrarlo.).

Por el contrario, cuando el equipo de mi corazón pierde, me llega eso que se conoce como la *depresión pos partido*, que es como la depresión posparto, pero para los hombres. Objetivamente, mi vida sigue igual. Todas las cosas buenas, positivas y motivadoras que me pasan siguen allí y no se han deteriorado en nada. Me siento mal y paso de la decepción a la ira, dando vuelta a la izquierda por la desolación, cruzando la indignación por la vía de la tristeza, para llegar finalmente al encabronamiento, en donde hace esquina con la melancolía. Y todo esto de a gratis porque, la verdad, ganen o pierdan es algo que a mí no me afecta en nada.

¿Por qué no me ocurre esto cuando me entero que la selección mexicana de gimnasia rítmica fue descalificada del campeonato mundial de esta especialidad? Oye, ese equipo también es mexicano, también nos representa en el extranjero y también le suben la bandera y le tocan el himno cuando triunfa. Sin embargo, lo que pase o les deje de pasar me deja en la más absoluta indiferencia, y cuando no, francamente me vale. Esa sana distancia emocional es algo que jamás he logrado conseguir con el futbol. Luego entonces, me pregunto: ¿Estoy pendejo? ¡Por supuesto que sí!, digo, ya lo sabía. El futbol me exacerba tanto esta condición que hasta yo me puedo dar cuenta de ello. Y esto no es algo que únicamente me ocurra a mí. Según estudios de la Universidad de la Ciudad de México, esto mismo le sucede a nueve de cada dos personas en el mundo. (Sí, a nueve de cada dos. No es que esté mal hecha la estadística, es que así son las cosas con el futbol —y también así cuentan en la UDC—). Es por eso que, al potenciar en tal magnitud esta característica en los seres humanos, el futbol es una materia fundamental de mis investigaciones sobre el tema.

Además, quiero aprovechar que el futbol es una materia absolutamente democrática en este sentido, pues todo el mundo puede decir impunemente todo tipo de pendejadas sobre este apasionante asunto, y no quiero dejar pasar la oportunidad de dar constancia de que yo también puedo ejercer mi derecho a hacerlo.

El presente libro contiene una compilación de anécdotas de futbol y pendejez, que aunque ustedes no lo crean NO es una redundancia. Aquí, el amable lector que tenga la bondad de leerme podrá encontrar los más desconcertantes momentos en que este deporte se ha cruzado con el absurdo, como cuando nuestro perro faldero en celo se cruzó con la tortuga japonesa del vecino y de ahí nació esa camada de tortugas chihuahueñas que costó tanto trabajo regalar, incluso entre los de la Sociedad Protectora de Animales. Sin embargo, debo advertir que, por más insensato y desconcertante que parezca, todo lo que aquí se cuenta es verídico, o como diría el gran Cuauhtémoc Blanco: es "verifico".

Asimismo, deseo avisar al generoso lector que me haya dispensado con su clemencia para llegar hasta este punto que encontrará en cada capítulo abundantes reflexiones y opiniones sobre el futbol, tanto mías como de destacadas personalidades de este deporte, todas ellas absolutamente pendejas. Con ello se cumple el estándar de calidad internacional necesario para poder hacer un comentario sobre el futbol.

Por último, solo quisiera señalar dos cosas:

1. Este es un libro de humor. Por lo tanto, todo lo que aquí se menciona es incorrecto, pero porque el humor es necesariamente una incorrección. Sin embargo, todos los datos de esta obra son correctos en el sentido de que son reales. Si el gentil lector quiere tomarse la molestia de verificarlo, podrá comprobar que lo puesto es *correcto*, aunque como está puesto sea *incorrecto*. Como decía, este libro es de humor y tiene la única intención de hacer reír. Así pues, si alguien, leyendo estas líneas, llega a aprender o a enterarse de algo relevante acerca del futbol o de cualquier otro asunto, le pido por favor mil disculpas, ya que esa nunca fue mi intención.

2. Como muchos mexicanos, tengo la preocupación de morirme sin ver a la selección nacional ganar un mundial de futbol (la selección mayor, se entiende, porque las demás selecciones están bien y nos dejan contentos, pero en el fondo de nuestro corazón nos

valen madre). En verdad, me angustia pensar que llegaré al final de mi vida sin conocer el auténtico significado de la frase: "Nos trajimos la copa a casa" (el que conozco es de cuando traía a mis amigotes a seguir chupando en donde vivo; pero desde que me casé, ya eso es imposible). No quiero irme llevándome ese pendiente. Así pues, como todo buen mexicano, aquí propongo mi alineación perfecta para lograr ganar un mundial de futbol, o por lo menos para lograr pasar del fatídico "cuarto partido". En nuestras circunstancias, bajar las expectativas a un escenario más realista puede evitarnos caer en una frustración que no se arregla ni con diez años de terapia.

Alineación ideal para la selección mexicana de futbol

1. Portero: Andrés Manuel López Obrador. Si le meten gol, siempre va a alegar un fraude o a impugnar o a desconocer el marcador oficial y a culpar al árbitro o a algún algoritmo perverso que inventaron solo para perjudicarlo.

2. Defensas: Puros maestros de la CNTE. No dejan pasar a nadie.

3. Medio lateral izquierdo: Marcelo Ebrard, ex jefe de gobierno del DF. Él se va por la izquierda y es medio natural... es medio... medio menso.

4. Medio central: Kalimba. Él siempre se queda en la media. Según sus abogados, jamás ha intentado ir más allá con cualquiera de las *fans* con quienes se va después de sus presentaciones.

5. Medio derecho: Podemos poner a cualquier delegado del DF. Todos son *medio derechos*... o *medio transas*, según se vea.

6. Delantero izquierdo: Luis Videgaray, secretario de Hacienda. Su puesto le da la capacidad de meterla siempre y a cualquiera que le pongan en frente. Además ahora, con las nuevas reformas, puede hacer que a cualquier gol que anote le tengan que agregar 32 %.

7. Delantero derecho: Enrique Peña Nieto. Él puede ser nuestro David Beckham. No alcanza balones, no mete goles, no da pases, no hace nada, pero todo el mundo dice que es el mejor porque está guapo, y a diferencia del jugador inglés, Peña Nieto jamás se despeina.

8. Centro delantero: Felipe Calderón. Expresidente de México. Es ofensivo (incluso muy ofensivo), es táctico (cuando bebe, esa es la manera en que dice la palabra "exacto"), es un gran rematador (100 000 muertos en su sexenio) y es un estupendo cobrador (a pesar de sus resultados, cobra 46 000 dólares por dar clases en Harvard sobre cómo fue su gobierno; a lo mejor les enseña a los gringos qué no hay que hacer). Además, tiene facilidad para los penales (aunque luego debían dejar salir a quienes metía, por arbitrariedades en el proceso), y lo más importante, está dispuesto a usar al Ejército y la Marina si necesita meter gol, y con eso tenemos una ventaja decisiva sobre cualquier otro equipo de futbol que se nos ponga enfrente.

9. Portero: El del equipo contrario. De esa forma, si no garantizamos que se le anoten goles por su lealtad para con su verdadero equipo, esto le pasará de cualquier manera por maleta.

10. Árbitro: Convendría que fuera mexicano. Pero como esto no es posible, con conseguir uno que esté casado con una mexicana es suficiente para lograr presionarlo, a fin favorecer al equipo marcando goles a nuestro favor, incluso en el descanso del medio tiempo.

11. El DT. Debe ser el Santo, Blue Demon, Místico, Tinieblas o cualquier otro de esos luchadores, básicamente para intimidar al entrenador del equipo contrario, y por que como están enmascarados, en el remoto caso de que lleguemos a perder con esta alineación, luego pueden volver a rehacer su vida sin temor a que en la calle los reconozcan y deban cargar toda la existencia con la vergüenza de ese resultado. De hecho, todos los directores técnicos del mundo deberían estar enmascarados como los luchadores. Eso es un elemento de seguridad que debería ser obligatorio para ejercer esa profesión, como lo son los cascos para los constructores, los lentes oscuros especiales para los soldadores o los preservativos y el enjuague bucal para las becarias de la Casa Blanca durante el gobierno de Bill Clinton.

Con esta alineación yo les garantizo que ganamos.

Alineación ideal de la selección mexicana

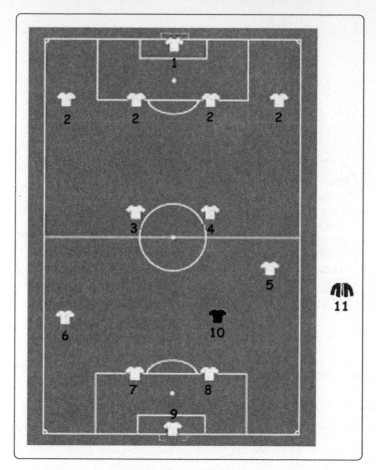

Debate de náufragos

El origen del futbol

Una historia completamente en fuera de lugar

Donde se demuestra por qué en la Edad de Piedra los remates de cabeza descalabraban y por qué la rueda fue diseñada al tratar de inventar la pelota.

El origen del futbol

El antepasado de todos los futboles fue el *harpastum*, un juego de pelota con el cual se entrenaba a los legionarios romanos, que consistía en llevar una bola hasta el lado contrario usando toda la violencia necesaria, excepto matar (a menos que la jugada lo requiriera).

De ahí se deriva el famoso *calcio florentino* de finales de la Edad Media que se juega en equipos de 27 contra 27 y donde lo más importante son los insultos entre quienes apoyan a cada equipo. Más o menos es como los partidos de mi secundaria a la hora del descanso.

Con el calcio se inventaron las porras, algunas de las más famosas y con más de 600 años de antigüedad son: *Azurro, Azurro, Azurro vai a fan culo* o *San Giovani, San Giovani figlio de la putane.*

En el siglo XIX se jugaban en Inglaterra varios tipos de futbol que combinaban las dos modalidades: la rudeza extrema del *harpastum* y la picardía soez del *calcio florentino*, lo cual garantizaba el apoyo entusiasta del respetable...

El reglamento de futbol siguió adecuándose, hasta que en 1927 se llegó a su estado actual, teniendo ya solo cambios mínimos, como la eliminatoria en penaltis a muerte súbita cuando hay empates en las finales de los torneos, a partir de 1962 la inclusión de la tarjeta roja, adoptada para el Mundial de México de 1970, o que el pasto de la cancha sea de dos centímetros de alto, reglamentado en 1990.

(En el caso de los mundiales de futbol de playa, que también organiza la FIFA, aún no está reglamentada la atura máxima que debe tener la arena.)

El "primer campeón del mundo" fue el equipo Renton de Escocia, en 1888, en un partido contra el campeón de los equipos ingleses, el Cambuslang. El partido entre lo mejor de Escocia e Inglaterra fue anunciado como: *The Futbol Championchip World*, dando origen a la primera idea de Mundial de Futbol y continuidad a la vieja idea británica de que Escocia y Gales son el resto del mundo para los ingleses.

Puede decirse que Mr. Ebenezer Cobb Morley fue el inventor del futbol. Este hombre fue un entusiasta promotor de las reuniones, en la taberna Freemasons, de Londres, entre los diferentes equipos que a mediados del siglo XIX jugaban a darse de golpes tras una pelota. En 1863 se aventó la puntada de elaborar un reglamento para proponerlo a la peña, el cual publicó ese mismo año y fue un éxito.

Mr. Morley estaba obsesionado con la prohibición del uso de las manos. Nadie podía tocar el balón con esta parte del cuerpo. Esta característica le dio el nombre definitivo al juego: *football*. De hecho, en las primeras reglas de este deporte no había portero. Esta figura apareció en el reglamento apenas en 1871.

El primer partido jugado bajo las reglas de Mr. Morley, solo con los pies, fue el 2 de enero de 1864 entre el Barnes, equipo de Morley, y el Richmond. El resultado decepcionó a todos, pues el juego resultó sin goles. De hecho, el Richmond quedó tan molesto con el nuevo reglamento que se convirtió en un equipo de *rugby*.

Aunque el futbol es un invento inglés, la FIFA nació en 1904 sin los ingleses, que como buenos ingleses no están de acuerdo en cómo se hacen las cosas en el resto del mundo (por eso circulan por la derecha). Se unieron en 1906, pero luego salieron en 1919 porque la FIFA rehusó a su petición de expulsar a las federaciones de los países que perdieron la Primera Guerra Mundial.

Regresaron a la FIFA definitivamente en 1946, como parte de la reconciliación, después de la Segunda Guerra Mundial, y exigiendo que NO se expulsara a nadie de la FIFA. ¿Quién los entiende?

El futbol es hoy por hoy el deporte más popular del mundo. La FIFA tiene más países miembros que la ONU y es la ONG más poderosa y rica del mundo.

(Cómo se cobra un penalti
en Corea del Norte)

EL FUTBOL Y LA GUERRA

*Los italianos ganan partidos de futbol como
si fueran guerras y pierden guerras
como si fueran partidos de futbol.*
**Winston Churchill, primer ministro
británico durante la Segunda Guerra Mundial**

*El futbol es un milagro
que le ha permitido
a Europa poder seguirse
odiando sin destruirse.*
Paul Auster, escritor estadounidense

Confieso que uno de mis placeres culpables es que lo que me gusta de los mundiales de futbol es lo mucho que se parecen a una guerra. A ellos asisten jubilosos los países portando sus bonitas banderas y todos los equipos participantes son los depositarios del honor de sus patrias. Los directores técnicos (DT) de cada selección son grandes generales que con sus estrategias conseguirán vencer a sus adversarios y los delanteros son los gallardos artilleros que lanzan potentes cañonazos contra la portería del enemigo (eso de que *el gol es un pase a la red* es una jotería). Los jugadores de cada equipo van a los mundiales a luchar contra otros países y saben que solo pueden regresar a casa con la victoria.

La selección mexicana de futbol, por ejemplo, siempre que parte hacia un mundial lo hace tras una solemne ceremonia en la residencia oficial de Los Pinos, donde el presidente en turno arenga a los futbolistas para exhortarlos a conseguir el triunfo y ceñirse los laureles de gloria. Es un discurso breve pero poderoso, como el del general Ignacio Zaragoza a sus tropas antes de la Batalla del 5 Mayo. Incluso en algunas ocasiones hasta abandera a los seleccionados. Esto no ocurre con la selección nacional de ningún otro deporte. No ha pasado jamás con la selección mexicana de lanzamiento de jabalina cuando va al Mundial de Atletismo, ni con la selección mexicana de basquetbol cuando va al mundial de su especialidad, ni con la selección nacional de nado sincronizado cuando va al Mundial de Natación, etc. Desde luego, esto se debe a que cuando estas otras selecciones nacionales ganan o pierden, la verdad, a todos nos vale madres incluso que existan.

¿Qué pensaría usted si algún amigo le llamara a las tres de la mañana para decirle que debe salir de su casa para ir a festejar a la Columna de la Independencia porque la selección mexicana de *ping-pong* acaba de calificar para los cuartos de final en el mundial de esta disciplina que se está llevando a cabo en ese momento en Hong Kong? Por supuesto, lo mandaría a chingar a su madre y se volvería a dormir. Sin embargo, si esa misma llamada hubiera sido porque pasó a octavos de final la selección mexicana de FUTBOL, dicha acción sería algo completamente lógico. O por ejemplo… ¿se imagina usted yendo al aeropuerto para abuchear a los integrantes de la selección mexicana de clavados porque en el mundial de esta disciplina el equipo no logró pasar de la segunda ronda? Exacto. Sin embargo, esto se lo han hecho varias veces a la selección mexicana de futbol a su regreso de copas del mundo; incluso ha tenido que salir del aeropuerto con protección policiaca, como ocurrió cuando el combinado mexicano no logró clasificar para el Mundial de Alemania en 1974.

¿Le parecería un exceso que el país entero se paralizara durante tres horas para ver un juego de la selección nacional de bádminton? Tiene razón. No obstante, para los juegos de la selección mexicana de futbol se considera algo perfectamente razonable que se metan televisores hasta en los quirófanos, para que mientras están trasplantando un riñón nadie se pierda ese partido, ni siquiera el paciente, porque de seguro pide que le hagan la operación solo con anestesia local. Y esto no es algo que nada más nos ocurra a los mexicanos. En prácticamente todos países sucede lo mismo. Los únicos que hasta el momento son inmunes a los encantos del futbol, tal y como ocurre en el resto del mundo, son los estadounidenses, pero eso es porque ellos no tienen ni la más remota idea de que exista el resto del mundo.

Algo tiene el futbol que logra cautivarnos como no lo hace ningún otro deporte e insisto en que se debe a que de alguna manera es una guerra, sin ser una guerra. Pero… ¿qué pasa cuando la guerra de verdad llega al futbol? Las siguientes son algunas anécdotas del futbol y la guerra, dos conceptos que son casi un pleonasmo.

La cascarita en las trincheras de 1914

Durante la Primera Guerra Mundial, en las heladas trincheras del frente occidental se dio una tregua de Navidad entre los británicos y los alemanes. En medio de esa brutal carnicería que fue la Gran Guerra, los militares se acordaban de la llegada del niñito Jesús que vino a traer un mensaje de paz y esperanza para toda la humanidad. Así pues, por respeto a esta sentida fecha se ordenó a los soldados que dejaran de dispararse, para pasar una feliz Navidad, y una vez concluida la celebración continuaran asesinándose sin piedad. Una cursilería totalmente fuera de lugar, como cuando los del banco te mandan una felicitación de

cumpleaños por ser su cliente, antes de desalojarte de tu casa porque no les pagaste la hipoteca. Cabe subrayar que esta tregua no fue oficial, pero sí fue autorizada y promovida por los comandantes de ambos ejércitos. Y no fue oficial porque, la verdad, con qué cara le exige uno a sus soldados durante todo el año que descuarticen al enemigo, pero hoy no ¡porque… es Navidad!

En todo el frente occidental, alemanes y británicos habían pasado meses masacrándose para intentar tomar la posición del otro sin ganar siquiera medio centímetro. De pronto se quedaron, como siempre, viéndose mutuamente desde sus trincheras, pero ahora con la orden de no atacarse hasta después de Navidad. Esta tregua empezó el 24 de diciembre. En algunos puntos del frente duró solo esa noche, pero en otros se extendió hasta febrero. Hubo encuentros entre los soldados de ambos bandos que salieron de su trinchera para darse el abrazo de Año Nuevo con el enemigo. Cuando sus generales se enteraron les dio chorrillo del coraje, sobre todo porque para tener esa muestra de afecto con sus "vecinos" sus soldados habían avanzado más sobre el terreno de batalla que en todos los meses que llevaban peleando. Para los altos mandos de ambos ejércitos esta tregua navideña fue espantosa, pues había minado seriamente la moral de la tropa, su disciplina y capacidad de combate y, lo peor, había ocasionado una peligrosa confraternización con el enemigo, por la cual ya se llevaban con una confianza que daba asco.

Esta fue la última tregua de Navidad que hubo durante la Primera Guerra Mundial. Los oficiales de cada ejército se aseguraron muy bien de que por ningún motivo se repitiera algo así, dando órdenes para que durante todos los días festivos que pudieran servir como pretexto para alguna tregua hubiera a lo largo de todo el día disparos de artillería a las posiciones enemigas hasta machacarlas.

Pero ocurrió que durante esta tregua navideña del frente occidental de 1914, en un sector cerca de la ciudad belga de Ypres, las trincheras alemanas se adornaron con especial esmero con motivos de la temporada. Por orden expresa del Káiser se habían enviado arboles de Navidad a todos los puntos del frente, no solo por la época, sino también como una muestra del espíritu nacionalista en tiempos de guerra, pues cualquiera que conozca a un alemán habrá notado que tarde o temprano salen con eso de que los pinos navideños son un invento suyo. Así pues, realmente se pusieron guirnaldas y escarchas sobre los alambres de púas de las trincheras y coronas de Adviento en la boca de los cañones. Nada más faltó que colgaran esferitas en las bayonetas y cargaran los cañones con colación.

En la lucha de posiciones de la Primera Guerra Mundial, la trinchera de cada bando se encontraba cavada en promedio más o menos como a 50 metros de la del enemigo. Así pues, los británicos pudieron escuchar claramente cuando los alemanes comenzaron a cantar sus villancicos, a lo cuales ellos correspondieron "disparándoles" alguna otra canción navideña inglesa. Pero a pesar de estar imbuidos por ese hermoso espíritu navideño, se la pasaban vigilándose mutuamente desde sus trincheras por si el enemigo decidía sorpresivamente romper la tregua o enviarles de obsequio de Navidad un cañonazo. Fue así como se la pasaron un rato, dándose mutuamente serenatas navideñas, hasta que algunos soldados salieron de sus trincheras para hacer un intercambio de regalos con el enemigo.

Al día siguiente tuvo lugar algo aún más sorprendente: a los fusileros escoceses se les ocurrió salir de su trinchera con un balón de futbol e invitar a los alemanes a echarse una cascarita en esos 50 metros que separaban cada posición defensiva y que comúnmente se le conoce como *tierra de nadie*. Se sabe que el partido se jugó con la mayor de las caballerosidades y que el rival tendía la mano al contrario cuando este caía al suelo. El partido acabó cuando uno de los comandantes se enteró de lo que estaban haciendo sus soldados y ordenó suspenderlo. El resultado fue 3-2 a favor de los alemanes. Ya lo diría Gary Lineker décadas después: "El futbol es un deporte que inventaron los ingleses y en el cual siempre ganan los alemanes".

El teniente alemán Johannes Niemann relata así lo sucedido en una de sus cartas:

Un soldado escocés apareció cargando un balón de futbol. En unos cuantos minutos ya teníamos juego. Los escoceses "hicieron" su portería con unos sombreros raros, mientras nosotros hicimos lo mismo. No era nada sencillo jugar en un terreno congelado, pero eso no nos desmotivó. Mantuvimos con rigor las reglas del juego, a pesar de que el partido solo duró una hora y no teníamos árbitro. Muchos pases fueron largos y el balón constantemente se iba lejos. Sin embargo, estos futbolistas amateurs, a pesar de estar cansados, jugaban con mucho entusiasmo. Nosotros, los alemanes, descubrimos con sorpresa cómo los escoceses jugaban con sus faldas, y sin tener nada debajo de ellas. Incluso les hacíamos una broma cada vez que una ventisca soplaba por el campo y revelaba sus partes ocultas a sus "enemigos de ayer". No obstante, una hora después, cuando nuestro oficial en jefe se enteró de lo que

> *estaba pasando, mandó a suspender el partido. Un poco después regresamos a nuestras trincheras y la fraternización terminó. El partido acabó con un marcador de tres goles a favor nuestro y dos en contra. Fritz marcó dos, y Tommy uno.*

Los generales de ambos bandos ordenaron que todos esos bochornosos incidentes ocurridos durante la tregua de Navidad fueran olvidados, y todas las evidencias de lo ocurrido fueran destruidas (sobre todo los británicos que eran quienes habían perdido el partido). Los soldados recibieron la orden de jamás hablar de lo sucedido y la mayoría de las cartas donde contaban los hechos fueron censuradas o destruidas por sus superiores. Se puso especial cuidado en destruir todas las fotos que los soldados se tomaron con el enemigo durante la tregua de Navidad de 1914, donde aparecían todos abrazados. Sin embargo, sobrevivieron algunas de estas imágenes, como la que podemos ver a continuación.

Imagen captada durante la tregua de Navidad de 1914.
Fuente: *YouTube.*

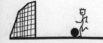

Uno de los sobrevivientes de esa tregua navideña, Bertie Felstead, fallecido en 2001 a los 106 años de edad, siendo entonces el hombre más longevo de Gran Bretaña, alcanzó a dar uno de los testimonios más ilustrativos de lo que pasó aquel día. El anciano recordaba los hechos de la siguiente manera:

> Al atardecer del día de Nochebuena escucharon los acordes de unos villancicos procedentes de las trincheras enemigas, que se encontraban a escasos metros. Aquellos cánticos le transmitieron un sentimiento de esperanza y sobre todo de paz, pero no se producía comunicación entre las tropas. Por la mañana, vio a los alemanes salir de sus trincheras y caminar hacia las líneas inglesas. Él y sus compañeros hicieron lo mismo y salieron a campo abierto para poder abrazar a sus enemigos, intercambiando cigarrillos y compartiendo muchas cosas, aunque sabían que eso duraría muy poco tiempo. Sabíamos perfectamente que aquella situación era irreal, pues estábamos felicitando por las fiestas ¡a las mismas personas a quienes íbamos a intentar matar al día siguiente!
>
> "Entonces se les ocurrió jugar un partido de futbol.
>
> "Comenzamos a jugar, aunque la verdad es que no puede hablarse de partido porque de cada lado había por lo menos cincuenta soldados y nadie se encargó de contar los goles....

Como podemos ver, en la versión inglesa de los hechos se omite deliberadamente cómo quedó el marcador y se hace énfasis en que NO era un partido oficial. Es más, dice Bertie que *ni siquiera podía hablarse de un partido propiamente dicho*. Sin embargo, esta información confirma, sin lugar a dudas, que los ingleses perdieron en el partido.

36 LA PENDEJÍSIMA HISTORIA DEL FUTBOL

La famosa tregua de Navidad se llevó a la pantalla en el filme francés de 2005 *Joyeux Noel*. La cinta fue nominada al Óscar, en su 78ª edición, en la categoría de Mejor Película de Lengua Extranjera.

También fue retratada en la película de Richard Attenborough *Oh! What a Lovely War*, de 1969.

Además se han escrito libros, como *Silent Night: The Story of the World War I Christmas Truce*, de Stanley Weintraub, publicado en 2001 y en el cual relata este suceso del que el autor fue testigo.

La tregua fue asimismo recordada en el video clip de Paul McCartney *Pipes of Peace*. Cuando veo este video, siempre he fantaseado con que de una trinchera sale Paul McCartney y de la otra John Lennon, y luego de abrazarse los dos juegan futbol pateando a Yoko Ono mientras se escucha *You are gonna lose that girl*. Qué quieren que les diga. En el fondo yo también soy un cursi..., un cursi intensivo.

Curiosamente en 1919, al finalizar la Primera Guerra Mundial, los ingleses exigieron a la FIFA que los países que la perdieron fueran expulsados de la federación, léase: Alemania, Austria, Hungría, y Turquía. La FIFA les dijo que no. Los ingleses, indignados, se salieron de esta organización echando pestes y decidieron que en adelante iban a jugar futbol únicamente con los británicos, es decir: Escocia, Gales e Irlanda. El berrinche les duró varios años hasta que un día se aburrieron de nomás pasarse la pelota entre ellos. Entonces decidieron regresar a la FIFA en 1946, para poder ir por fin a su primer mundial, el de Brasil, donde por cierto fueron eliminados en la primera ronda.

Jugador enviando una foto por su celular antes de rematar un pase a gol, razón por la cual le quitaron el balón. La manía de las redes sociales está acabando con el futbol.

Mundial de 1934. "¡Esto es la guerra!"

El Mundial de 1934 fue en la Italia fascista. Mussolini se había propuesto hacer de esa copa una gran campaña de propaganda que pregonara la gloria y superioridad de su régimen. Para ser convincente en lo que quería comunicar al mundo, el dictador había ordenado que la selección italiana debía ganar a como diera lugar, y se lo dijo claramente al DT del combinado de Italia, Vittorio Pozzo: "¡Esto es la guerra!"

Para garantizar el triunfo de la selección italiana se echó mano de todos los recursos necesarios, incluyendo (sobre todo) los ilegales, tales como la amenaza y el soborno a los árbitros, así como la intimidación a las otras selecciones, el arreglo de los sorteos de los partidos y la permanente impunidad con la que los futbolistas italianos podían golpear y provocar a los jugadores del equipo contrario (esta actitud de los jugadores italianos no ha cambiando nada desde el primer mundial en donde participaron hasta la fecha, es algo característico de su famoso estilo de juego; y aunque ya no gozan de la protección que tuvieron en el Mundial de 1934 para hacer esto, sobresalen por lo bien que saben hacer todo tipo de ojetadas en la cancha para fastidiar a sus oponentes. El mejor ejemplo de esto fue el caso de Zinedine Zidane, a quien enloqueció el defensa Materazzi en el Mundial de Alemania 2006, hasta que terminó derribándolo de un cabezazo).

Para acabarla de amolar, en el Mundial de 1934 había calificado por primera vez la selección de España, pero este país en esos años era una república, y una republica con un gobierno socialista. Así pues, el futbol hizo que por primera vez se enfrentaran dos ideologías que se aborrecían profundamente: el fascismo y el socialismo. Y si ya de por sí todos los partidos de la selección italiana se realizaban bajo la orden de ganar por todos los medios, el juego contra la selección española del Mundial de 1934 era el más obligado de todos.

El partido entre ambas selecciones se jugó el 31 de mayo de 1934 en el Stadio Guiovanni Berta de Florencia, con capacidad para 40 mil personas. Entre ellas estaba el mismísimo Benito Mussolini, con su bonito uniforme de camisa negra del Partido Nacional Fascista presidiendo el encuentro. Para él, toda la selección italiana hizo el saludo al estilo facha con el brazo en alto antes de comenzar el juego. Ambos equipos iban por el pase a

los cuartos de final. Los italianos vestían su tradicional camiseta azul y los españoles su tradicional camiseta… ¡morada! Sí, no roja, sino la morada, pues ese era el color diferente que tenía la bandera de la Republica Española. Los italianos contaban con una selección bastante buena y muy camorrista, lo que se esperaba de una selección fascista, pues. Además habían sido reforzados por cuatro argentinos y hasta un brasileño, con el fin de garantizar el triunfo.

El juego transcurrió con una andanada de golpes y patadas de los italianos a los españoles. Sin embargo, no lograron impedir que los ibéricos les anotaran el primer gol de Luis Regueiro, el delantero vasco del Madrid, y que puso el partido 1-0 a favor de España. A partir de ahí, las golpizas de los italianos se incrementaron de una manera exponencial, sin que esto lograra igualar el marcador. Así pues, casi para finalizar el primer tiempo, el delantero italiano Shiavo de plano se lanzó a sujetar al portero español Ricardo Zamora, permitiendo que Guiovanni Ferrari rematara y lograra el empate. Y todo esto ocurrió ante la absoluta indiferencia del árbitro belga Louis Baert.

El segundo tiempo fue más de lo mismo: golpizas sistemáticas de los italianos a los republicanos, en especial al portero Zamora. Pero aun con esto otro gol español, marcado por el delantero Lafuente, se les coló. Este tanto fue un gol claramente legal, pero el árbitro lo ignoró. Y así el encuentro finalizó con un polémico empate 1-1. Los españoles resultaron con ocho jugadores lesionados, entre ellos el portero Ricardo Zamora, quien por los múltiples golpes recibidos quedó con dos costillas rotas. Para dirimir entonces qué equipo pasaría a la siguiente ronda se acordó jugar otro partido al día siguiente. Pero de los integrantes del equipo republicano original solo pudieron repetir tres jugadores. Como pudo, el equipo ibérico se recompuso y se jugó el partido del desempate, al cual por supuesto volvió a asistir un nervioso Mussolini, quien se comió las uñas y se tronó los dedos durante todo el encuentro. El partido obviamente resultó ser una versión ampliada del primero: golpizas, chapuzas y goles anulados. En el minuto doce, el delantero de la escuadra *azzurra* Giussepe Meazza le dio una patada al portero español Juan Nogués. El jugador italiano (de Argentina) Dimaria aprovechó esto para anotar el primer gol del encuentro que celebró todo el estadio con el saludo fascista. Sin embargo, poco después, Campanal anotó un gol por parte de los republicanos, el cual fue inmediatamente anulado por el árbitro suizo René Mercet. Luego, el defensa español Quincoces anotó otro gol. ¿Y qué creen? Claro, se lo anularon también. El segundo partido finalizó 1-0 y tras este marcador la España republicana se retiró del torneo con tres goles anulados, 14 jugadores lesionados, ocho de ellos de gravedad. Por su actuación en el Mundial de 1934, el árbitro René Mercet fue suspendido por la FIFA de por vida, pero eso no impidió que los resultados que eliminaron a los españoles fueran los oficiales.

Italia salió campeón en el Mundial de Italia, primero al vencer a la selección austriaca, donde jugaba nada menos que Matthias Sindelar, apodado el Mozart del Futbol, por su elegante estilo de juego. Austria era el país del cual Italia se había independizado y por ello la victoria sobre su selección también tenía connotaciones políticas especiales para Mussolini. Finalmente, Italia ganó la final contra Checoslovaquia, conquistando de esa manera su primer campeonato.

Foto de la final de la Copa del Mundo de 1934, entre Italia y Checoslovaquia. En la foto podemos ver al árbitro y abanderados haciendo el saludo fascista antes de iniciar el encuentro. La imagen ya anunciaba claramente cuál sería el resultado del juego. **Fuente:** *YouTube*.

El Mundial de 1934 fue un mundial lleno intrigas políticas y porquerías (valga la redundancia). Para empezar, los países sudamericanos aparentemente se unieron al boicot al Mundial de Italia promovido por Uruguay, que había sido el país sede del primer Mundial de Futbol en 1930 y estaba indignado porque, a pesar de las generosas facilidades que había dado a los italianos, estos lo habían despreciado y decidido no asistir (los uruguayos le pagaron todo a las selecciones para que fueran a su mundial, pues con la Copa del Mundo ellos estaban celebrando el centenario de su independencia). Así Uruguay correspondía ahora de la misma manera y, a pesar de haber quedado como los campeones del mundo y tener su pase asegurado y obligado para defender su título, dijeron que ellos no asistirían y que le hicieran como quisieran en la FIFA. En solidaridad, los argentinos y los brasileños se negaron también a asistir y por eso se negaron a eliminarse con Chile y Perú, respectivamente. ¡Pero al final sí fueron y sin haber clasificado! La razón fue que Jules Rimet, presidente de la FIFA, le ofreció a los argentinos la organización del Mundial de 1938 y a los brasileños fue suficiente con decirles "¿Quieren venir a jugar futbol?" para que asistieran. De esta manera se logró desinflar el boicot uruguayo. Chile y Perú se quedaron entonces como novias de rancho, vestidas y alborotadas, diciendo que ellos ahí estaban y que si no hubo partidos de clasificación fue porque tanto Argentina como Brasil habían dicho que no. Pero en las oficinas de la FIFA ya habían hecho las eliminatorias en una mesa de negociaciones y ahí Chile y Perú habían quedado fuera.

Por otro lado, al ver los impresionantes efectos del futbol sobre las masas y la estupenda plataforma de propaganda política que logró Mussolini con el Mundial, el Führer, Adolfo Hitler, se apuntó para hacer lo mismo en los Juegos Olímpicos de Berlín de 1936. Tras el primer mundial de Italia, Joseph Goebbels comentó con esa salvaje sinceridad que tenían los nazis para explicarse: "Una victoria de la selección de futbol es más importante que la conquista de algún pueblo del Este".

La mayoría de los árbitros participantes en los juegos de la selección italiana durante el Mundial de 1934 fueron suspendidos temporal o definitivamente por la FIFA debido su pésima y parcial actuación, aunque eso no alteró en nada el resultado de esa copa del mundo. Actualmente, la FIFA sanciona con gran severidad a los jugadores italianos que celebren un gol haciendo el saludo fascista. Fue el caso de Paolo di Canio, quien en 2005, tras anotar un gol en un partido entre el Juventus y el Lazio, hizo este saludo y fue suspendido varios partidos. Además, se le impuso una multa por la nada despreciable cantidad de 7 000 euros. Di Canio se defendió diciendo que había hecho el saludo de la antigua Roma y eso no tenía NADA que ver con la ideología fascista. Y como esto efectivamente es cierto, pues los fascistas sacaron su seña del antiguo saludo romano, Di Canio pudo hacerse elegantemente pendejo y la bronca se fue diluyendo.

Sin embargo, en 2013 el delantero griego Kaditis, capitán del equipo heleno de la sub-20 y medio campista del equipo AEK, fue expulsado del futbol DE POR VIDA por hacer ese mismo saludo para festejar un gol que había marcado contra el Veria FC (Yo he estado tentado a extorsionar a Cuauhtémoc Blanco, diciendo que su *cuauhtemocseñal* es en realidad una forma de hacer el saludo nazi y voy a denunciarlo ante la FIFA. La verdad no sé por qué aún no lo he hecho. Falta de tiempo, tal vez). Kaditis no podrá volver a jugar profesionalmente futbol jamás. Y esto le ocurrió en Grecia, un país donde un partido neonazi llamado Amanecer Dorado tiene amplia representación en el parlamento, y alcaldes que gobiernan diferentes ciudades del país y sus simpatizantes hacen libremente y de manera reiterada el saludo fascista del brazo extendido. Pero claro, un griego no la libra como un italiano al decir que hace un saludo al estilo de la antigua Roma. Kaditis intentó disculparse diciendo que no sabía lo que hacía y solo levanto el brazo para saludar a un amigo en la tribuna. Pero antes de que pudiera colar sus excusas, una felicitación y muestra de apoyo oficial del partido Amanecer Dorado por haber hecho el saludo fascista hundió todos sus intentos de justificarse.

Así pues, gracias al caso de Kaditis nos enteramos de que, contrario a lo que siempre sucede de que los jugadores de futbol famosos pueden cometer libremente excesos que si los cometiera cualquier hijo de vecino le iría de la fregada, bueno, pues en el caso de los saludos fascistas si los hace cualquier persona no pasa nada, pero si los hace un futbolista no se la acaba.

Kaditis haciendo su saludo. Fuente: *YouTube*.

Como dato curioso, en el Mundial de 1934 fue donde por primera vez un portero paró un penalti. El arquero que hizo esta hazaña fue Ricardo Zamora, de la selección republicana española.

Según el servicio de limpia, la cantidad de desperdicios que se genera en tres días en la Ciudad de México bastaría para llenar en tres días el Estadio Azteca con basura. Claro que un día normal con un partido malo basta para hacer lo mismo.

Camiseta de la selección Novohispana de Futbol

El Mundial de 1938. "Vencer o morir"

Este mundial fue el de Francia, aunque debió haber sido el de Argentina, como había quedado acordado por la FIFA en 1934. ¿Qué pasó? En 1938, todo el mundo veía claramente que una nueva guerra mundial estaba a punto de estallar (de hecho en Europa empezó al año siguiente) y las desastrosas consecuencias de este conflicto eran incalculables. Pero con certeza lo que seguro seguro no iba a haber mientras durara esta guerra, eran mundiales de futbol (y tal vez después de que terminara tampoco los habría).

Así pues, el francés Jules Rimet, presidente de la FIFA, se empeñó en realizar en su país el, tal vez, último mundial de la organización que dirigía y de la historia. Lo organizó ahí porque él sabía perfectamente que si no lo hacía en ese momento Francia tal vez nunca tendría un mundial de futbol, y porque también comprendía con claridad meridiana que 1938 era el año de Hidalgo para la FIFA y que la oportunidad de que los negocios derivados de un evento deportivo de estas magnitudes pasaran tan directamente por sus bolsillos no se presentaría mejor en ningún otro lugar más que en su país.

De tal suerte, con una cara dura que envidiarían los maestros de la CNTE para exigir sus reivindicaciones laborales, Jules Rimet les avisó a los argentinos que siempre ya no se iba a hacer el mundial en su país, pero que con mucho gusto los esperaba en Francia con los brazos abiertos. Los argentinos, desde luego, hicieron un tango porque el mundial ya lo tenían oficialmente y se habían gastado una buena lana en realizar las obras de infraestructura que demandaba ser la sede de una copa del mundo. Fue entonces cuando Jules Rimet, presidente de la FIFA, les comentó: "Bueno, si no les gusta pueden quejarse en la FIFA… Aunque, eso sí, la verdad es que luego muy caballerosamente se aguantó hasta llegar al baño para cagarse de la risa. La actitud de Rimet fue un *je suis désolé* pero se joden.

En respuesta, Argentina organizó otro boicot (como el que hizo Uruguay en 1934) y convocó a toda América Latina a unirse a su santa indignación por esta nueva afrenta que nos hacía la arrogante Europa colonialista. Contra todo pronóstico, este llamado tuvo un gran consenso. Casi todos los países iberoamericanos, México incluido, se negaron a asistir al Mundial de 1938 por la grosera estafa contra los argentinos. Incluso Uruguay, al que Argentina había traicionado en su boicot al Mundial de Italia de 1934, apoyo el veto latinoamericano al de Francia de 1938. Las únicas naciones de la región que asistieron a esa copa fueron Cuba, que al no tener rival con quién eliminarse calificó prácticamente por *default* (de hecho, las extraordinarias condiciones que hicieron posible la participación de Cuba en la Copa del Mundo de 1938 jamás han vuelto a repetirse y, por tanto, ese fue el primer y único mundial en el cual ha participado esa isla del Caribe; aunque con todo y lo que podamos pensar objetivamente del futbol cubano, su selección logró pasar a la segunda ronda en esa ocasión), y Brasil, que asistió porque Jules Rimet prometió que en ese país se llevaría a cabo el Mundial de 1942. Es decir, a los brasileños se los chamaqueron con la misma zanahoria que a los argentinos en 1934, aunque en su caso fue un poquito más patético porque ya estaba claro que Rimet no cumplía.

Por otro lado, sobre el desdichado Mundial de 1938 recaía otro incomodísimo asunto: participaría la Alemania nazi, nación que se la pasaba fintándole patadas en los huevos a Francia desde hacía unos cuatro años. Desde la llegada de Hitler al poder, las reclamaciones germanas sobre territorios ocupados por los franceses después de la Primera Guerra Mundial eran sistemáticas, y ya les había quitado varias poblaciones presionándolos con aventar a sus soldados. Así pues, la tensión entre los dos países era como de cuerda de violín, y ello hacía que los partidos de esta selección fueran un asunto muy delicado para los franceses, pues existía una gran posibilidad de que una bronca en la cancha con los alemanes fuera la gota que derramara el vaso para el inicio de una guerra (ya para esas fechas cualquier pretexto era bueno). Además, el conjunto alemán era detestado por el público francés que llenaba los estadios y esto potencializa los riesgos de una riña en esos recintos. Cada que el equipo nazi hacía el saludo fascista antes de iniciar el juego, recibía una tremenda rechifla de los aficionados (la selección italiana hacia el mismo saludo, pero a ellos no les pitaban, con lo cual se comprueba que la bronca no era por el saludo sino porque eran alemanes).

En este contexto, lo que más preocupaba a Rimet era el terrible escenario de que se enfrentaran las selecciones de Alemania y Francia. Para evitar lo más que se pudiera esta posibilidad se procuró mucho alejar a estos dos equipos en los grupos donde debían eliminarse. Pero si ambos equipos seguían avanzando en el torneo, en algún momento deberían competir y las consecuencias de ello podían ser fatales. Esto afortunadamente no pasó, pues la selección nazi fue eliminada en la primera ronda, y gracias a eso jamás sabremos si la Segunda Guerra Mundial pudo haber empezado por un penalti.

Por cierto, para este mundial, el famoso delantero austriaco Mathias Sindelar, conocido como el Mozart del Futbol, se negó a alinear con el equipo nazi. En 1938, Hitler se anexo Austria unificando las dos naciones, y todos los austriacos fueron absorbidos por el III Reich. La selección alemana lo buscó entonces para reforzar el equipo de lo que ahora se conocía como "La Gran Alemania" rumbo al Mundial de Francia y él tajantemente los mandó al carajo. Por este y otros desplantes contra el *nuevo orden*, Sindelar junto con su mujer amanecieron muertos en su departamento de Viena.

Como podemos ver, el Mundial de 1938 prácticamente se jugaba sobre campos minados. Sin embargo, lo que más angustiaba a sus organizadores era la presencia de la selección italiana. La escuadra *azzurra* de ese torneo era un buen equipo y su entrenador, Vittorio Puzzo, era un gran estratega. Realmente tenían muchas probabilidades de ganar la copa. PEEERO el drama de esta selección era que DEBÍAN ganarla, pues Mussolini los había mandado con esa orden. Y como en la película de *El Padrino*, antes de que el equipo marchara a Francia, Mussolini le dio a Puzzo dos besos de despedida en las mejillas y después lo retuvo un momento para decirle: "No me decepciones", mientras le señalaba las lapidas de todos los que lo habían decepcionado. La selección italiana había ido al Mundial de 1938 amenazada de muerte si perdía. Esto era un secreto a voces.

Ganar sería complicado para los italianos, toda vez que en Francia no podrían tener el apoyo de los árbitros, ni de la organización de los sorteos, ni de la presión fuera de la cancha sobre las demás selecciones, como ocurrió en 1934. Estaban solos. Así pues, debían jugar limpio. Y haciendo esto (bueno, todo lo limpio que pueden jugar los italianos) ganaron el Mundial de 1938 (aunque también cabe decir que eran el equipo más motivado para ganar). Pasaron en un grupo difícil la primera ronda, después se eliminaron nada menos que con Francia, luego con Brasil, y llegaron invictos a la final que disputarían contra Hungría. Para este importantísimo partido, Mussolini envió un telegrama a Vittorio Pozzo, el DT del equipo, que únicamente decía: "Vencer o morir". Los italianos se dividían entre quienes decían que eso era solamente una metáfora que no debía tomarse al pie de la letra y quienes decían que eso de vencer o morir era exactamente eso. Pozzo resuelve que no va a andarle midiendo el agua a los camotes con las interpretaciones del telegrama para averiguar si esa frase es una figura retórica o un ultimátum, y les dice a sus jugadores que salgan a ganar o él personalmente los mata. Finalmente los italianos ganan la final 4-2 y el equipo de la *azzurra* puede regresar orgulloso a su país, pues había obtenido en buena lid una copa del mundo sin contar con una protección chapucera como la del Mundial del 34.

El telegrama de Mussolini fue ampliamente difundido por la prensa y después de la final Szabo, el portero de la selección húngara, declaró: "Jamás en mi vida me sentí tan feliz por haber perdido. Con los cuatro goles que me hicieron salvé la vida a once seres humanos."

Futbolista mandando la foto de su fractura expuesta de tobillo al Twitter #datos y #quechingueasumadreeldefensadelequipocontrario

El futbolista enemigo de todos

Durante la Guerra Civil Española ocurrió algo muy curioso. Un futbolista fue declarado enemigo por los dos bandos que combatían. Fue nada menos que el legendario portero Ricardo Zamora. Cuando estalló la Guerra Civil, Zamora estaba en Madrid, pues jugaba para un equipo de esa ciudad. Este arquero provenía de una familia adinerada y tenía fama de ser un "señorito de derechas". Así pues, por precaución, las milicias rojas decidieron arrestarlo porque no lo veían como un compañero proletario de fiar. El guardameta pasó varias se-

manas en la cárcel Modelo. Lo retuvieron tanto tiempo francamente solo porque los encargados de la cárcel estaban felices de que Zamora estuviera allí. Durante su cautiverio, era constantemente mandado llamar y sacado de su celda. Algo que todos los demás detenidos tomaban como una muy mala señal, pues cuando esto ocurría generalmente era para fusilar a quien se llevaban. Pero en su caso, esto lo hacían para invitarlo a tomar un café y hablar de futbol con las autoridades penitenciarias, o para sacarse una foto con el vecino del cuñado de la prima de uno de los celadores que había ido solo para conocerlo. Otras veces de plano lo sacaban de su celda nada más para jugar futbol.

El bando de los nacionales usaba el sonado caso de la detención de Zamora como un claro ejemplo de la monstruosidad de los republicanos. El propio general golpista Gonzalo Queipo de Llano llegó alguna vez a exigir su liberación en uno de sus discursos por Radio Sevilla. Luego también hubo una cierta campaña internacional para lograr la liberación de este portero que finalmente salió, tras pasar casi un mes en prisión. Zamora estuvo refugiado un tiempo en la embajada de Argentina y de ahí huyó a Marsella. Una vez en Francia, se puso a jugar en los equipos Samitier y Niza.

Finalizada la Guerra Civil Española regresó a Madrid, donde encontró su casa saqueada (en su caso, más que ladrones debieron ser admiradores que querían algunas reliquias de su ídolo). El futbolista trató de rehacer su carrera y fue contratado para ser el DT del recién creado equipo Atlético de Aviación FC. Fue así como Ricardo Zamora ganó el primer campeonato de la posguerra. Todo parecía que iba a ser "miel sobre pajuelas" para este deportista, tras su retorno al futbol de su país, cuando de pronto fue de nuevo arrestado, pero ahora por los nacionales. La razón: había violado la Ley de responsabilidades políticas de 1939, que en su artículo 4º apartado N, decía claramente: Todo español que hubiere salido de la "zona roja" (se referían al área dominada por los republicanos, no a la de burdeles) después del alzamiento nacional y permanecido en el extranjero, no podría estar allí más de dos meses, pues tenía la obligación de presentarse a servir a la patria en la "zona nacional". Zamora había permanecido en el extranjero más de dos meses. Así pues, cumplía perfectamente con todos los requisitos para ser declarado un criminal por haber violado ese artículo 4º, en su apartado N. Por tanto, fue metido de nuevo en la cárcel. Ricardo Zamora estuvo en la prisión de Porlier y una vez más con la tenebra de que podía ser fusilado. Sin embargo, luego fue liberado por los nacionales básicamente porque era Zamora. Su detención duró solo unos días, pero este incidente le costó su cargo como entrenador del Atlético de Aviación.

El partido de la muerte que inspiró el escape a la victoria

Una de las leyendas épicas del futbol que más películas ha inspirado fue el famoso partido entre el equipo Start FC de Kiev y un equipo de la Luftwaffe (fuerza aérea alemana) durante la Segunda Guerra Mundial, el cual ha pasado a la historia como *el partido de la muerte*.

En general, los equipos de futbol en todo el mundo son la representación de las ciudades, las regiones o las nacionalidades de los lugares donde tienen su sede. Incluso muchos de estos equipos llevan el nombre de los sitios a los cuales pertenecen y esta representación simbólica exacerba la rivalidad entre los equipos. Ahí tenemos los casos famosos del Barça, la joya de la corona del nacionalismo catalán; el Real Madrid, la máxima institución del imperialismo castellano; el Guadalajara, la verdadera perla tapatía; el Bayern Múnich, que en Baviera sustituyó a la monarquía sajona; y el glorioso equipo Zacatepec, sin duda alguna lo mejor que tiene Zacatepec (me consta, yo he estado en Zacatepec).

Pero en la Unión Soviética, con 76 repúblicas y más de 120 nacionalidades, el régimen socialista no deseaba que por ningún motivo se alentara cualquier tipo de espíritu nacionalista u orgullito regional. El gobierno bolchevique se había dado a la tarea de integrar a ese enorme país con la firme convicción de que allí todos los hombres eran iguales, y quienes eran más iguales que los demás eran quienes gobernaban. Así pues, los equipos de futbol tenían terminantemente prohibido llevar nombres de ciudades, repúblicas o cualquier título que pudiera hacer referencia a algún lugar, pues esto podía dar pie a que los habitantes de ese sitio se identificaran con ese equipo por tal razón, y esto podría socavar la unidad de las republicas soviéticas. Lenin ya lo había advertido en *Las tareas del proletariado en la presente revolución*, de 1917, subrayando que la nueva sociedad no debía alentar el separatismo nacionalista o regionalista que utiliza la burguesía para dividir al proletariado universal.

De tal suerte, en el caso de los nombres de los clubes de balompié, ni siquiera se podía insinuar alguna refe-

rencia de esta naturaleza. Así por ejemplo, un equipo que se llamara El Caldo de Oso FC podía sugerir un platillo típico de Siberia y hacer que los pobladores de esa zona se sintieran identificados con ese club, lo cual podía alentar un indeseable sentimiento anticomunista. Por tanto, los equipos en la URSS tenían nombres genéricos universales como el Spartak, que recordaba al esclavo que se sublevó contra los romanos, o el Dynamo FC o el Torpedo, que simbolizaban rapidez y fuerza, o de plano el CDKA o el CDSA, que eran las siglas de los ministerios burocráticos a los cuales pertenecían esos clubes y que tenían oficinas en tooooda la Unión Soviética. Una vez aprobado el nombre del equipo por la censura comunista, los clubes se instalaban en las diferentes ciudades del país, de tal manera que, por ejemplo, había el Dynamo de Moscú, el Dynamo de Tiflis, el Dynamo de Kiev, el Dynamo de Odesa... etc. Con ello, sí se daba de cualquier manera la rivalidad entre ciudades, regiones y nacionalidades, pues mientras un ucraniano le iba al Dynamo de Kiev, un ruso le iba al Dynamo de Moscú. Así pues, eso de prohibir ciertos nombres de los equipos fue una sutileza tan dialécticamente marxista que la verdad no servía para nada.

En la URSS, la franquicia del equipo Dynamo en todas sus sedes pertenecía nada menos que a la NKVD, el Comisariado Popular de Asuntos Internos, dependencia donde se encontraba la siniestra policía secreta de la Unión Soviética (de la NKVD surgiría en 1954 la famosísima KGB). ¿Y por qué la NKVD tenía equipos de futbol? Porque Lavrenti Beria, el jefe de la NKVD, era un futbolista frustrado. En su juventud había sido delantero en un equipo de su natal Georgia y cuando llegó al poder quiso tener su propio equipo de futbol. Así como cuando en México Farell Cubillas compró al Atlante FC para el IMSS. Actualmente, Luis Videgaray está a punto de quedarse con el Puebla FC a través del SAT, por todos los impuestos que debe. Volviendo al tema, fue justamente uno de los Dynamos, el de Kiev, el equipo protagonista de una de las más vibrantes y épicas historias del futbol; de esas que inspiran películas.

Debo comentar que si bien los jugadores de este equipo no eran propiamente agentes de la NKVD, su historia oficial sí fue escrita por agentes de la NKVD y pasó la censura, la supervisión y el decorado con efectos especiales del régimen soviético. Así pues, si bien estos hechos realmente ocurrieron, por favor tomen esta crónica con ciertas reservas…

En 1941, los jugadores del Dynamo de Kiev fueron sorprendidos por el incontenible y vertiginoso avance de las tropas alemanas y no pudieron salir de su ciudad cuando esta fue ocupada por el enemigo. Debido a ello, los futbolistas perdieron su chamba y se quedaron literalmente en la calle. Tanto fue así que el nuevo encargado de la panadería de la ciudad, un tipo de nombre Kordyk, quien había sido colocado en ese puesto por los nazis debido a que tenía origen alemán, reconoció al portero estrella del Dynamo de Kiev, Nicolai Trusevich, pidiendo limosna en una esquina. Kordyk se llevó al deportista a chambear con él en la panadería. Luego, Trusevich se jaló a los otros miembros del equipo para que se emplearan también como afanadores del lugar. Una vez reunida una buena parte del plantel original del Dynamo de Kiev, al señor Kordyk se le ocurrió crear el equipo de futbol de la panadería con todos esos *cracks*. Lo formaron y le pusieron por nombre el Start FC.

El nuevo equipo de los panaderos comenzó a ganar fama en la ciudad. Las fuerzas de ocupación los invitaron para jugar contra equipos seleccionados de diferentes

unidades de sus ejércitos. Estos fueron los resultados de los partidos.

FECHA	OPONENTE	GOLES START	GOLES OPONENTE
21 de junio de 1942	Guarnición Húngara	6	2
5 de julio de 1942	Guarnición Rumana	11	0
12 de julio de 1942	Equipo de trabajadores del ferrocarril militar (Alemania)	9	1
17 de julio de 1942	PGS (Alemania)	6	0
19 de julio de 1942	MSG Wal (Hungría)	5	1
21 de julio de 1942	MSG Wal (Hungría)	3	2
6 de agosto de 1942	Flakelf (Alemania)	5	3

Como podemos ver, el Start ganaba todos los partidos, y varios de ellos incluso por goliza. Esto tenía preocupado al alto mando alemán, pues estas victorias podían tal vez alentar algún espíritu de superioridad entre los ucranianos derrotados que dificultara su conquista. Además, en el fondo de su corazón, estaban ardidos por haber perdido. El Flakelf, un equipo seleccionado de la Luftwaffe, le pidió la revancha para el 9 de agosto. El partido se haría con toda la gala de una gran final en el estadio Zenit de Kiev. La idea del alto mando nazi era que en ese juego se demostraría la superioridad de la raza aria y del futbol alemán, pues su equipo ganaría el juego. Para garantizar este resultado, un oficial alemán de las Waffen SS fue nombrado árbitro del partido y se amenazó a los jugadores del equipo Start de fatales consecuencias si ganaban. Los palcos del estadio se llenaron de autoridades nazis, generales de la Wehrmacht y enormes banderas con la esvástica, pues ese juego tenía que confirmar la famosa invencibilidad alemana.

Cartel del partido del Start vs el Flakelf el 9 de agosto de 1942. Fuente: sitio web oficial del Dynamo de Kiev.

En los vestidores, el árbitro les indica a los jugadores del Start que, como ahora el territorio es parte del III Reich, ellos deben hacer el saludo nazi antes de empezar el partido. Pero los futbolistas le aplican la doctrina del "Son de la Negra": le dicen que sí, pero no le dicen

cuándo. Así pues, al salir no solo no hacen el saludo nazi, sino que en lugar de gritar: *Heil Hitler,* gritan: *Fitzculturai* (cultura física), el lema soviético para el deporte mientras se ponen la mano en el corazón (estas son las partes que seguramente sazonaron los cronistas deportivos de la KGB).

El partido se inicia con una verdadera golpiza de los alemanes a los del Start. Un delantero del Flakelf deja tendido de una patada en la cabeza al portero Trusevich. Es ahí cuando cae el primer gol del encuentro. Va ganando el Flakelf 1-0. Sigue un popurrí de patadas, zancadillas, empujones, piquetes de ojos y coces en los kiwis por parte de los jugadores del Flakelf a los del Start, ejecutado con el patrocinio del árbitro. Sin embargo, esta paliza no impide que al terminar el primer tiempo el Start ya vaya ganando 2-1.

Durante el descanso del medio tiempo, los jugadores del Start son amenazados de muerte en los vestidores por el Teniente General Eberhardt, gobernador militar alemán de Kiev, quien les da personalmente la orden de dejarse ganar mientras les apunta con su pistola. El general Eberhardt tiene una bien ganada reputación de operador de masacres. Entre otras, él fue quien realizó la famosa matanza del barranco Babi Yar, donde asesinaron a la mayoría de los judíos de Kiev. Así pues, si les decía que los iba a matar de seguro se los cumpliría. ¿Qué pasará?... Chan, chan, chan, chaaaaan.

En el segundo tiempo, los jugadores del Start meten tres goles más, y cuando un jugador de nombre Alexei Klimenko queda solo frente al portero alemán y está apunto de hacer el sexto gol, de repente decide voltearse y lanzar el balón a las gradas como perdonándole la vida al guardameta. Este gesto de desprecio y clemencia del jugador del Start fue lo último que podían tolerar los alemanes. El árbitro pita el fin del partido faltando todavía cinco minutos para que terminara el encuentro. Esta hazaña fue una muestra de valor, gallardía y resistencia al invasor. Aunque también pudo haber sido originada por un problema de traducción, pues como todas las amenazas y órdenes se las hicieron en alemán, a lo mejor los jugadores jamás se enteraron de lo que les dijeron.

A los pocos días de este partido fueron arrestados todos los jugadores del Start, bajo los cargos de ser miembros de la policía secreta comunista. De pronto, los alemanes se acordaron de que los integrantes del equipo con el cual habían estado jugando todos esos partidos eran del Dynamo de Kiev, y como todos los Dynamos pertenecían al NKVD, pues ellos debían ser agentes infiltrados. Los futbolistas que marcaron tantos fueron torturados y ejecutados, los demás fueron enviados al campo de concentración de Syrets. Allí murió, en febrero de 1943, el portero Nicolai Trusevich, por cierto, con la camiseta del equipo puesta (esto en realidad se debió a que cuando lo arrestaron era lo único que llevaba consigo).

El 6 de noviembre de 1943 la ciudad de Kiev fue recuperada por los soviéticos y comenzó a difundirse la historia del *partido de la muerte*, gracias a los únicos tres jugadores sobrevivientes del Start: Makar Goncharenko, Mikhail Sviridovkiy y Fedir Tyutchev. En 1981 el Estadio Zenit fue rebautizado como Estadio Start. Todas las personas que conserven un boleto de aquel partido del 9 de agosto de 1942 tienen pase especial para ver gratis todos los partidos del Dynamo de Kiev de por vida (si eso hubiera sido en México, la reventa seguiría vendiendo esos boletos hasta la fecha).

**Monumento a los jugadores del Start a la
entrada del actual Estadio Start de Kiev.
Fuente: sitio web oficial del** Dynamo de Kiev.

Esta historia inspiró las películas *Tercer tiempo* de 1964
y *El partido de la muerte* de 1973, así como la cinta húngara *Két félidő un pokolban* de 1963 y la estadounidense *Escape
a la victoria* de 1981, de John Huston, donde aparece Pelé
jugando con Sylvester Stallone, Osvaldo Ardiles y Mi-
chael Caine.

Por lo que a mí respecta, esta es la película de futbol que yo quisiera ver:

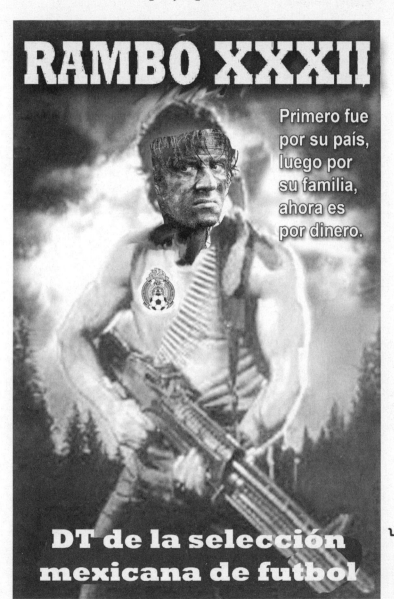

RAMBO XXXII

Primero fue por su país, luego por su familia, ahora es por dinero.

DT de la selección mexicana de futbol

El complot para asesinar a Stalin como espectáculo del medio tiempo

Lavreinti Beria fue el Comisario del Pueblo para Asuntos Internos y el encargado de la seguridad del Estado en la URSS durante la Segunda Guerra Mundial. Era también el jefe de la policía secreta estalinista y el creador de la exitosísima red de espionaje soviética en todo el mundo. El momento más brillante de su carrera fue cuando logró sacarle a los gringos información vital del programa nuclear estadounidense, con la cual los comunistas pudieron hacer su propia bomba atómica en 1949. Por esto fue nombrado Mariscal de la Unión Soviética. Quienes conocieron a Beria coinciden en señalar que era un tipo rencoroso, vengativo, perverso, maquiavélico, paranoico, cruel, intrigante y traicionero; es decir, tenía el perfil ideal para el puesto que ocupaba.

Pero Beria era además un funcionario metódico, comprometido y diligente que trabajaba jornadas de 20 horas diarias para atender los delicadísimos asuntos de su cartera y se relajaba de las agobiantes tensiones de la oficina haciendo largos paseos por la ciudad a bordo de su coche para secuestrar muchachas a las cuales violaba en el interior del mismo. Y bueno, si esto hacía el ministro del Interior y jefe de la Policía, no quiero ni pensar cómo se relajaba el ministro de Hacienda, encargado de cobrar los impuestos.

Lo poco conocido de este gran hombre creador de la famosa KGB es que estudió ingeniería civil, aunque jamás ejerció, y tenía una facilidad impresionante para los idiomas. En 1920, cuando fue asignado como agente secreto en la embajada soviética en Praga aprendió, en menos de un año, checo, alemán y francés. Aunque es probable que esto no se debiera a un don especial, sino a que sus jefes bolcheviques le dijeron que si no lo hacía lo

mandaban a Siberia. Pero lo más curioso del estuche de monerías que era este personaje es que en su juventud, durante la década de los años 20 del siglo XX, había sido un delantero de futbol más o menos famoso.

Como ya he comentado, el siniestro jefe del espionaje soviético, Lavrenti Beria, era el "dueño" de los equipos Dynamo en la URSS. Una vez encumbrado en el poder se hizo de sus propios clubes para ser él quien ponía a los entrenadores, pues nunca le gustó que fueran los entrenadores quienes lo ponían a él cuando era jugador.

La joya de la corona de su imperio futbolero era el gran Dynamo de Moscú. Esto le producía una gran alegría, pero también una gran frustración, como siempre pasa en el futbol (y en las relaciones de pareja). El dolor de Beria se debía a que su equipo consentido en todos los torneos siempre era vencido por el Spartak de Moscú. El Dynamo de Moscú era como nuestro Cruz Azul: siempre se quedaba como subcampeón, y *la maldición del ya merito* había acompañado a este equipo desde la creación de la liga soviética en 1936. A este terrible agravio se sumaba el hecho de que el presidente del Spartak era Nicolai Starostin, un gran futbolista retirado que ahora dirigía ese equipo y muchos años atrás había jugado en partidos de futbol contra el club al cual pertenecía Beria. Ambos personajes se habían agarrado a trancazos varias veces en la cancha y esto hacía aún más intolerable para el número dos del régimen soviético que el Spartak de Moscú fuera siempre el que le quitara el campeonato a su equipo.

El 26 de 1942, en plena Segunda Guerra Mundial, a los soviéticos se les ocurrió realizar un partido de futbol en la mismísima Plaza Roja, para conmemorar "el día del deporte" y dar al mundo una señal del excelente ánimo del gobierno del Kremlin, luego de que

solo nueve meses atrás estuviera a punto de perder la capital a manos del ejercito nazi, que se quedó a 30 kilómetros de entrar en Moscú. Además, ese partido iba a ser una magnífica oportunidad para homenajear al jefe: Stalin.

José Stalin sería el invitado de honor durante ese partido que disputarían los dos equipos más importantes de la ciudad, el Dynamo y el Spartak. Sí, aquello era un *clásico capitalino*. Todo iba bien en la organización de este encuentro hasta que Beria se puso paranoico (una deformación profesional que le ocasionaba su trabajo). Empezó a especular sobre qué pasaría si, de pronto, le daban un balonazo a Stalin. Así pues, sacó a su equipo del partido e hizo que el Spartak cargara con las terribles consecuencias de este posible escenario. El partido se jugó entre titulares y suplentes del Spartak, mientras Beria se excitaba hasta el éxtasis solo de pensar lo que le ocurriría a Nikolai Starostin cuando uno de sus jugadores le diera en la cara con la pelota al jefe… Pero esto no solo no ocurrió, sino que a Stalin le gustó tanto el partido que hizo jugar un tercer tiempo. Esto desde luego le purgó mucho a Beria, cuyo odio por Starostin alcanzó a partir de ese momento dimensiones bíblicas.

Unos años después, cuando Beria ya era Mariscal de la Unión Soviética, le mostró a su jefe una foto de ese partido en donde aparecía un sujeto cerca de Stalin. Le dijo que ese tipo era un agente nazi contratado para matarlo y que el operador de ese atentado era el director del Spartak de Moscú, Nicolai Starostin, quien fue juzgado y condenado a trabajos forzados a un gulag en Siberia. Se salvó de ser fusilado gracias a su inmensa popularidad. (Esto es igual en todo el mudo. Les dices que eres premio Nobel de Literatura y te ejecutan de inmediato, pero les haces saber que eres futbolista y a los militares les tiembla la mano. Así es la vida.) Al enterarse de esto el hijo de la segunda esposa de Stalin, Vasili, comandante en jefe de la fuerza aérea soviética, liberó del cautiverio a Starostin para que dirigiera al equipo de futbol de la aviación que él acaba de crear, el VVS.

Starostin quedó bajo la protección de Stalin *Junior*, un muchacho de carácter parrandero y bromista que a sus 26 años había llegado por mérito propio a ser el general en jefe de la aviación militar de la URSS (su mérito era ser hijo de Stalin y haber sobrevivido a eso). Nicolai dirigió al *VVS* por un tiempo y consiguió importantes triunfos para su nuevo equipo. Beria, por su parte, siguió intentado volver a deportar a Starostin, pero todos sus intentos fueron en vano, pues cada que trataba de arrestar al entrenador, Stalin *Junior* gritaba: Papáaaaaaa, y todo el operativo se arruinaba. Sin embargo, en 1952 se presentó la ocasión perfecta. El 27 de junio, durante un desfile militar, dos bombarderos Tupolev-4 se estrellaron debido a que Vasili había hecho que los pilotos volaran a pesar del mal tiempo, habiendo dado esa temeraria orden en completo estado de ebriedad (algo que en realidad no era imputable, pues todas las órdenes de Vasili siempre habían sido en ese estado; murió de cirrosis en 1962). A consecuencia de ese accidente, Stalin *Junior* fue degradado y su papá no quería verlo ni en pintura. Beria aprovechó esta oportunidad irrepetible. Ordenó la captura de Starostin y esta vez lo deportó hasta el desierto de Kazajistán, dando la orden de que lo dejaran lo más lejos posible de una toma de agua.

José Stalin muere el 5 de marzo de 1953 y Lavrenti Beria intenta hacerse del poder en la URSS. No se le hace y, para diciembre del mismo año, es condenado a muerte por sus antiguos camaradas, luego de ser acusado nada menos que de ser un agente secreto británico

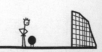

(tal vez era el agente *Cero, Cero, Ge-Te*), cuya misión era destruir a la Unión Soviética y restaurar el capitalismo. ¡Tómate esa! (Así se llevaban los soviéticos.)

Tras la muerte de Beria, Nicolai Starostin pudo regresar del gulag junto con otros miles de desterrados, entre quienes se encontraba Martyn Merezov, un árbitro que había tenido la mala idea de expulsar a Beria en un partido en 1920. Cuando Merezov fue deportado, Beria le dio el siguiente mensaje: "Mira, ahora quien te expulsa soy yo". Una putada, desde luego. Pero seamos honestos, ese es el sueño húmedo de cualquier futbolista.

Los nazis y el futbol (el juego del hombre ario)

Durante la Segunda Guerra Mundial, el régimen nazi impuso en los países ocupados, simpatizantes, aliados, similares, paralelos y conexos, varias de sus leyes. Una de ellas fue la prohibición de que los judíos participaran en equipos deportivos. De esta manera, salieron de todos los clubes los futbolistas de origen hebreo. En 1941, el III Reich era prácticamente dueño de Europa y en los países bajo su dominio o influencia estaban importantísimos equipos de la FIFA y, lo más importante, la FIFA misma. Sus directivos, incluyendo Jules Rimet, quedaron en la zona controlada por los alemanes.

Una buena mañana se presentaron unos funcionarios nazis en las oficinas de Rimet para obligarlo a que la FIFA adoptara entre sus estatutos la exclusión de los judíos en los equipos de futbol. Muy políticamente, la FIFA tomó la solicitud y dijo que la analizaría y la v(b)otaría lo más pronto posible (Nunca les especificaron a los nazis si era con *be* o con *uve*). Técnicamente, para la FIFA la resolución sobre este tema era prácticamente imposible, pues la guerra misma hacía muy difícil juntar a todas las federaciones. Además, muchas de ellas, como las del continente americano, estaban en naciones enemigas del III Reich. Los nazis, siempre tan prácticos, decidieron de cualquier manera imponer el *nuevo orden* para jugar futbol en toda la Europa ocupada. En esa extensa área la reglamentación se cumplió en los partidos de futbol de todos los torneos que se jugaron durante la guerra, con el aval de la FIFA.

Pétain contra Rimet: 0-0 favor Rimet

Tras perder la guerra contra Alemania, Francia firmó un armisticio que dividió al país en dos: una zona gobernada por los alemanes, donde se encontraba París, y otra gobernada por los franceses, que tuvo como capital la ciudad de Vichy. Por eso a este régimen se le conoce más comúnmente como *el gobierno de Vichy*. Este nuevo Estado francés tuvo un gobierno títere a modo de los intereses de los alemanes y como jefe de ese Estado al gran el héroe de la Primera Guerra Mundial, el mariscal Philippe Pétain.

La vertiginosa batalla de Francia, que duró apenas mes y medio, agarró a este general de embajador en España. Cuando terminó de hacer sus maletas para ver si lo requerían en el frente de Francia, ya se había perdido la guerra. Poco después, le preguntaron si se quería hacer cargo del gobierno de lo que quedó de su nación. El dictador Francisco Franco fue a verlo a la embajada para decirle lo mismo que le hubiera dicho la esposa de cualquier DT prestigioso que andan buscando para dirigir a un equipo que acaba de caer en la segunda división: "Usted es un vencedor, no vaya a hacerse cargo de la derrota de los vencidos." Pero Pétain no le hizo caso.

En 1940, este militar octogenario se fue a gobernar los retazos de Francia y, de paso, un poquito más, pues fue nombrado también Copríncipe de Andorra. Su gobierno duró hasta el desembarco aliado de Normandía en 1944. Durante su polémica administración se hicieron muchas reformas para adecuar al nuevo país a los difíciles tiempos que corrían. Una de esas reformas fue la del futbol. ¿Y cuál era la razón de Estado para tratar de arreglar el futbol? La desconozco, pero desde luego estas pretensiones hicieron que el nuevo gobierno francés chocara frontalmente contra la FIFA.

Esta fue la verdadera guerra que debió afrontar Jules Rimet durante la guerra.

Francia fue el último país en realizar un mundial antes de que empezara el colosal conflicto internacional que conocemos como la Segunda Guerra Mundial. Lo llevó a cabo en 1938, apenas un año antes de que comenzaran los trancazos. Seguramente el fresco recuerdo en los nuevos gobernantes franceses de todos los negocios de este torneo, sus polémicos acontecimientos y el que la Selección de Francia NO hubiera ganado ese mundial, contaron mucho para que el gobierno de Vichy decidiera corregir todo lo que se había hecho hasta ese momento en tal deporte. Tenían la franca intención de relegarlo a un segundo o tercer plano en el gusto nacional, pues Pétain era un entusiasta del *rugby* y veía en el futbol una pasión malsana que solo le traería más desdichas a su pueblo. De tal suerte, hizo con el futbol lo que mejor saben hacer los políticos: echar a perder lo que funciona.

Primero, creó la Comisaría General de Educación y Deporte, una institución fundada para ~~chingar~~ mejorar al futbol, que estableció nuevas reglas para este deporte impulsando los siguientes DECRETOS oficiales: 1) El futbol tenía prohibido el profesionalismo y 2) por favor, aficionados, traten de no desmayarse después de leer esto Los partidos de futbol debían durar diez minutos de juego efectivo, en dos tiempos de cinco minutos cada uno. ¡En ese lapso ni siquiera se puede pedir una cerveza en un estadio! Una verdadera pesadilla para cualquier aficionado. Además, con ese formato, todos los partidos en los torneos de la Francia de Vichy siempre terminaban en aburridísimos y predecibles empates a cero. Eso era la muerte del futbol por estrangulamiento lento.

¿Quién podía tener tanta maldad como para hacer algo así? Solo alguien que quisiera organizar el mundial de *rugby* en Francia, en donde lógicamente debía ganar la selección francesa. Sí, adivinó usted, el viejito Pétain. Jules Rimet (francés) se queja enérgicamente por estas nuevas reglas para el futbol y el gobierno de Francia oficialmente lo manda al carajo con todo y la FIFA. Indignado, renuncia a su cargo, y así permanece durante el resto de la guerra. Y con toda razón. Ser presidente de la FIFA en ese momento era como estar dado de alta en Hacienda solo para que te hagan auditorías.

Conviene decir en descargo del gobierno de Vichy que, para compensar las monstruosas condiciones para los partidos de balompié, los futbolistas sí recibieron una mejora sustancial. Todos fueron convertidos en burócratas que trabajaban para los 16 equipos federales de la liga francesa, que pertenecían ahora al gobierno. Cada jugador tenía un salario de 25 mil francos mensuales, cuando antes el promedio era de unos cinco mil francos (y eso que la nueva norma prohibía expresamente profesionales en el futbol, pero para la nueva dependencia ellos no eran futbolistas, sino empleados del gobierno). Además, por primera vez, estos deportistas gozaban de prestaciones laborales, seguro social y jubilación. ¡Algo totalmente inusitado! Ganaban el triple y trabajaban como 12 % de lo que chambeaban cuando los partidos eran de 90 minutos, por lo cual ninguno de los que jugaban futbol en Francia se quejó o apoyó las protestas de la FIFA.

Con la liberación de Francia en 1944 se acabó el estilo de juego del gobierno de Vichy. Sin embargo, estoy seguro de que esta experiencia inspiró la modalidad del futbol rápido y los salarios estratosféricos de los futbolistas por prácticamente no hacer nada.

La guerra del futbol

En 1969 hubo una guerra entre Honduras y El Salvador que el célebre periodista polaco Ryszard Kapuściński bautizó como *La guerra del futbol*, pues en el libro que escribió con ese título sostiene que este conflicto fue detonado por una partido de futbol por la clasificación entre las selecciones de los dos países para ir al Mundial de México de 1970.

La versión de Kapuściński es la siguiente: Honduras y El Salvador eran países vecinos que vivían en una gran tensión a causa de sus problemas migratorios. Resulta que desde 1920 muchísimos jornaleros de El Salvador

fueron llevados a trabajar la tierra a Honduras porque cobraban más barato. Debido esto, para finales de la década de 1960 ya más de 100 000 salvadoreños se habían asentado en ese país, y algunos hasta se hicieron de propiedades y generaron ciertos derechos. Los jornaleros locales se quejaban de que los extranjeros les quitaban su trabajo y eran causantes de los bajos salarios y los problemas de inseguridad en el país (sí, el mismo discurso antiinmigrantes del primer mundo, nada más que región 4).

Por ello, el Congreso de Honduras hizo una reforma agraria bajo el principio de que *la tierra hondureña es para los hondureños*. Y así empezó una deportación masiva de salvadoreños. Por supuesto, estos no quisieron irse e interpusieron todo tipo de recursos y estrategias para quedarse. Entonces comenzaron a presionarlos para que se fueran, con guardias blancas y grupos paramilitares, en especial uno autodenominado "La Mancha Brava", que causaron terror entre la gigantesca comunidad salvadoreña que vivía en Honduras. El gobierno de El Salvador se quejó enérgicamente por esta situación. El gobierno hondureño les contestó oficialmente que mejor se quejara de la miseria que había generado en El Salvador, la cual ocasionaba que ellos tuvieran que padecer la presencia de tanto salvadoreño en su país. Y, como suele decirse, eso calienta.

Esto revivió viejos conflictos por la reivindicación de los límites fronterizos, en disputa desde la independencia de las dos naciones. Ambos gobiernos empezaron a colgarse una larga lista de agravios que databan de 1525, cuando Hernán Cortés pasó por esas tierras. Era como cuando te peleas con tu esposa, pero hagan de cuenta que las dos partes eran las esposas porque se acordaban perfectamente de toooodo lo malo. La disputa puede decirse que más o menos comenzó en 1961 y cada año ambos países le iban subiendo de tono a la bronca, hasta que en 1969 la relación entre las dos naciones era imposible. En ese ambiente de absolutas ganas de romperse la madre entre hondureños y salvadoreños se dio aquel fatal partido de futbol.

En el verano de 1969, Honduras y El Salvador tuvieron que eliminarse rumbo al Mundial de México de 1970, y después del futbol siguieron eliminándose, pero ahora sí en serio. Los juegos de ida y vuelta entre los dos combinados se jugaron en una atmósfera de verdadero odio entre ambos países, a tal punto que, después del último partido, el cual se jugó el 16 de junio de 1969 en el entonces estadio Flor Blanca en El Salvador, el ambiente se puso tan feo que muchos hondureños que vivían en El Salvador y salvadoreños que vivían en Honduras debieron regresar a sus respectivos países para ya no ser hostigados todo el tiempo.

Para acabarla de fregar, esos incomodísimos encuentros deportivos no zanjaron el problema de la clasificación, pues terminaron en empate. Por tanto, fue necesario un tercer partido (el definitivo) que resolvería cuál de las dos selecciones iría al mundial. Ese partido se jugó en un territorio neutral: México. Pero a pesar de eso se presentía que ganara quien ganara todo iba a acabar en tragedia. El juego se celebró el 27 de junio 1969 en el Estadio Azteca. Lo ganó El Salvador en un apretado triunfo con un marcador de 3-2. La alegría que este resultado generó en la comunidad salvadoreña acojonada en Honduras dio a muchos de sus miembros el suficiente espíritu temerario y joditivo como para salir a festejar y burlarse en la cara de los hondureños. Esto, desde luego, generó una riña que derivó rápidamente en matanzas que duraron varios días. En Honduras se acuñó entonces un lema popular: *Hondureño toma un leño y mata un salvadoreño*, que tenía la enorme ventaja de que rimaba igual si se quería usar al revés, para matar a un hondureño. Con ello, las masas tuvieron una porra pegajosa para ir encantadas a masacrarse.

En esto de los linchamientos, el equipo visitante siempre lleva las de perder, pues nunca cuenta con el apoyo del árbitro. Así pues, comenzó a haber asesinatos sistemáticos de salvadoreños en Honduras, con la absoluta indiferencia o complicidad de las autoridades. En respuesta, el 14 de julio, justo a las 18:45 horas, la aviación salvadoreña ya estaba bombardeando el aeropuerto de Tegucigalpa, la capital de Honduras, y otras cuatro ciudades más. En paralelo a esto, su infantería penetraba imparable en territorio hondureño. Durante los cuatro días que duró la guerra, los salvadoreños conquistaron más de 1 600 kilómetros cuadrados de Honduras y estuvieron cerca de llegar a Tegucigalpa. La Organización de Estados Americanos (léase Estados Unidos) paró lo más pronto que pudo la conflagración. Después de 100 horas de balazos, las dos naciones acordaron someterse a un arbitraje neutral internacional para solucionar sus diferencias fronterizas. Para entonces ya se habían producido más de 2 000 muertos.

El Salvador jugó en el Mundial de México 70, pero su selección fue eliminada en la primera ronda sin haber conseguido hacer un solo gol. Aunque eso sí, fue la primera selección de ese país que participó en un mundial.

Respecto a la solución del conflicto armado, se pactó que, mientras se resolvía el litigio internacional, las fronteras entre los dos países quedaran igual que antes de la invasión del 14 de julio de 1969. Por lo tanto, las tropas salvadoreñas se retiraron de todo lo que habían conquistado, quedando sin un territorio compensatorio

para negociar una indemnización por los agravios come-
tidos contra los salvadoreños en Honduras. Finalmente,
la resolución de un tribunal internacional dio lugar a los
tratados de Lima, de 1980, según los cuales un territorio
en disputa histórica de 450 kilómetros cuadrados, conocido como *Los Bolsones,* quedó asignado definitivamente
a Honduras.

Así pues, visto en perspectiva, los salvadoreños ganaron la guerra pero perdieron el juicio. Sin embargo, lo
que más le zurró a las autoridades de El Salvador fue
que el conflicto terminara pasando a la historia como *la
guerra del futbol,* gracias a la crónica que hizo el periodista Kapuściński, quien escribió frases de tan mala leche
como "Los dos gobiernos están satisfechos de la guerra
porque durante varios días Honduras y El Salvador habían ocupado las primeras planas de la prensa mundial y
habían atraído el interés de la opinión pública internacional" o "Los dos pequeños países del tercer mundo tienen
la posibilidad de despertar un vivo interés solo cuando
se deciden a derramar sangre. Es una triste verdad, pero
así es". Este tipo de comentarios desquiciaron sobre todo
a los militares salvadoreños, pues el texto de Kapuściński
hacía parecer la guerra patriótica que habían hecho para
ayudar a sus connacionales en Honduras como un patético berrinche de quinceañera para llamar la atención.

Como la versión de Kapuściński fue la que prevale-
ció, varios generales salvadoreños escribieron después libros dando su versión de los hechos y, a razón de nada,
hicieron públicos varios secretos de Estado para probar
que el futbol NO tuvo nada que ver en esta contienda, a
la cual se refieren como *La guerra de las 100 horas,* demos-
trando además que no saben sumar, pues los cuatro días
que oficialmente duró el conflicto armado hacen solo 96
horas, y no 100. Aunque, claro, también es posible que

la cuenta haya sido rigurosamente exacta, si le sumaron además las horas hasta ese momento acumuladas para el día extra del siguiente año bisiesto o el tiempo de compensación del arbitro.

En su explicación de los hechos, el general de división salvadoreño Álvaro Calderón Hurtado hace énfasis en que esa guerra se hizo por la dignidad nacional. Para demostrar que el futbol no la motivó, exhibe como prueba que los salvadoreños fueron quienes ganaron la clasificación, y por tanto, no necesitaban atacar a los hondureños (¡!). Después, para subrayar lo mismo, cuenta tranquilamente que la guerra contra Honduras ya la tenían planeada desde 1964, pero que se les fue retrasando hasta 1969 debido a que durante viarios años estuvieron solicitado en vano a Estados Unidos (su *dealer* habitual de armamento) equipo militar de última generación para tener una superioridad decisiva sobre el ejército hondureño. Pero como los gringos se olieron perfectamente para qué querían las armas, no les proveyeron de nada, pues no deseaban que dos de sus países aliados se pelearan en su patio trasero.

Los salvadoreños entonces buscaron por otro lado y se acordaron de que el dictador de Panamá, Omar Torrijos, había estudiado en la Academia Militar de San Salvador y, llegándole por el lado de la *alma mater*, lograron que les permitiera pasar de contrabando modernísimas armas checoslovacas para equiparse, evadiendo así el severo control estadounidense. Por tales razones, estuvieron listos para iniciar su invasión a Honduras hasta esas fechas. Así pues, el futbol no tuvo nada que ver con todo eso.

La versión del general Calderón Hurtado fue en desagravio por la difundida exégesis de esta guerra que hizo Kapuściński, en la cual injustamente hizo ver a El Salvador como patética república bananera. Yo sinceramente

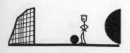

creo que el general salvadoreño tiene razón. Lo que en realidad hizo ver a El Salvador como una patética república bananera fue el hecho de que cuando regresó su selección nacional del Mundial de México 70 la recibieron con chiflidos y mentadas por no haber pasado a la segunda ronda, ¡después de todo el irigote que armaron por ellos!

Yugoslavia pasa, pero se pasa

En 1991, la selección de futbol de Yugoslavia clasifica para competir en el torneo de la UEFA, el mundial europeo considerado por algunos exegetas de este torneo como la copa del mundo pero sin Brasil. Desde luego, esta definición es brasileña (ya ven que de futbol se pueden decir impunemente todo tipo de pendejadas). La selección yugoslava había quedado como la primera en su grupo y solo debían esperar unos meses para participar en la copa de la UEFA de ese año. Pero justo en ese tiempo, Yugoslavia desapareció. La guerra civil yugoslava iba dando lugar a la aparición de nuevos países cada semana y, desde luego, los jugadores de la selección de Yugoslavia cambiaban de nacionalidad y esto les impedía seguir en el equipo. Para conservar su lugar en el torneo, la federación de futbol yugoslava reinscribió varias veces

al equipo en la FIFA europea, a fin de adecuar la planilla de sus jugadores a la cambiante situación geopolítica, hasta que en el séptimo trámite la UEFA ya no les recibió la solicitud, pues los interesados ya no se presentaron a hacer el trámite como Yugoslavia sino como Serbia.

Yugoslavia dio lugar a seis nuevas repúblicas en 1991 y, como en el Melate, más lo que se acumule esta semana. Para solucionar el hueco que dejaba la selección yugoslava en ese campeonato, la UEFA invitó a participar a Dinamarca, que había quedado en segundo lugar en las eliminatorias en el mismo grupo donde había clasificado Yugoslavia. Y fue precisamente la selección de Dinamarca, que ya se había resignado a no asistir a ese torneo, la que ganó el campeonato. Como dicen los clásicos: *así es el futbol.*

Bueno, a ver, ¿ustedes qué prefieren, pagar menos impuestos o ganar el Mundial?

Los partidos del régimen Talibán

Durante la hegemonía en Afganistán del famoso gobierno talibán, que duró de 1996 al 2001, los partidos de futbol fueron prohibidos, pues eran vistos por el régimen como un entretenimiento, y todos los entretenimientos alejaban a los afganos de Alá y los predisponían para la pereza y el vicio. Los talibanes prohibieron el cine, el teatro, la televisión y el futbol, aunque en este último caso poco a poco la censura de este gobierno fue cediendo ante la presión popular, lo cual nos da una idea de

la importancia de este entretenimiento sobre cualquier otro. Finalmente, después de años de insistencia y de que era imposible para el régimen conseguir que la gente dejara de jugar futbol, se logró "legalizar" este deporte en Afganistán, aunque eso sí, con la clara advertencia de que toda celebración por un gol quedaba prohibida termi-nan-te-men-te.

Así pues, hacia 1999 el estadio Ghazi de Kabul volvió a tener de nuevo partidos de futbol. Aunque ya para entonces el verdadero deporte nacional eran las lapidaciones públicas de mujeres adúlteras, que se practicaban cada semana en el mismo estadio desde 1996 y abarrotaban el coloso con aficionados que asistían religiosamente (nunca mejor dicho) para verlas. Curiosamente, ahí sí se permitían celebraciones de todo tipo, incluida la de hacer una "ola" en las gradas del estadio cada que una de estas mujeres era ejecutada.

El futbol más espectáculo que nunca

Luego de la ocupación estadounidense de Afganistán en el 2001, en este país comenzó una nueva guerra entre gringos y talibanes que aún controlan una parte del territorio. La mayoría de las ciudades afganas quedaron en poder del ejército estadounidense, y esta condición ha permitido que allí el futbol haya vuelto a surgir con un ímpetu sorprendente. Los afganos se propusieron recuperar todo el tiempo perdido en esta materia y lo han hecho de la manera más curiosa.

FUTNOTICIAS

AFGANISTÁN REDESCUBRE EL FUTBOL A TRAVÉS DE UN *REALITY SHOW* EN TELEVISIÓN

El programa titulado Maidan e sabz ha servido para crear ocho equipos, uno de cada región y la primera liga de futbol profesional nacional.

Agencia Reuters. 01/09/2012. Un *reality show* es el método elegido en Afganistán para crear una **liga de futbol profesional**. El espacio, llamado *Maidan e sabz* (Campo verde), se ha utilizado para "atraer personas de todos los rangos de edad, clases sociales, regiones y etnias", comentó **Mujtar Lashkari**, presentador y productor del programa.

Para la grabación se conformaron ocho equipos, uno por cada región del país, integrados por 18 jugadores. Los conjuntos pasarán a formar parte de la primera liga profesional y nacional del país, la **Afghan Premier League.** Al finalizar el *reality*, la última palabra la tuvieron el jurado y el público. Este último a través de mensajes de texto que seleccionaron a tres de los

elegidos. La idea provino desde la Asociación de Futbol, en unión con un grupo mediático que posee diversas emisoras de radio y televisión. El presidente de dicha asociación, **Keramuddin Karim,** dijo que el programa "es una base para la paz". Y afirmó que "este deporte transmite valores tales como la unidad, la armonía y el honor, que ayudan también a mantener a las personas alejadas de las drogas y otros vicios".

Dicen que ya de todo se puede hacer un *reality show*. Yo no lo creía hasta que supe como se formó la liga afgana. Así pues, la gente llama y vota en las eliminatorias de este *reality* para decidir qué jugador se queda en el equipo, ¡y además en qué posición! Este delicado asunto no lo resuelve ni el entrenador, ni el dueño del club, sino la gente que está viendo la tele. (Bueno, en realidad eso lo termina decidiendo el productor del programa, como ocurre en los *realities*; pero la idea es que los televidentes se vayan a dormir con la idea de que ese jugador se quedó de defensa gracias a ellos.) Desde luego, cada llamada o SMS para votar por *tu jugador favorito* tienen el costo de un dólar.

Este tipo de programas es lo que nosotros deberíamos hacer para elegir la alineación y las estrategias de la selección mexicana de futbol para cada partido, y por qué no, incluso quién debe ser el técnico del equipo.

El programa sobre el equipo tricolor podría llamarse:

Pateando por un sueño
El *reality show* de la selección nacional

PATEANDO POR UN SUEÑO es sin duda el *reality show* que todo el país espera, pues como todos sabemos: "Oh, patria querida, que el Cielo un director técnico en cada hijo te dio." Todos los mexicanos sabemos perfectamente qué se debe hacer con el TRI para que suba de nivel y al fin triunfe…, sacar a Alex Lora (perdón, me confundí de TRI). Decía yo que todos sabemos qué se debe hacer para que México gane un mundial de futbol, y *PATEAN-DO POR UN SUEÑO* podría ser la forma de encauzar esa vocación nacional. Así quedaría mejor repartida la responsabilidad si, de cualquier manera, llega a perder nuestro equipo, pues la alineación y la estrategia habrían salido de la votación de la gente. Por el contrario, si gracias a esta decisión colectiva gana la selección, entonces sí, con toda justicia, podremos salir a gritar: ¡Ganamos, ganamos, ganamooooos!

Volviendo al futbol de Afganistán, el 20 de agosto de 2013 por fin volvió a jugar un partido la selección afgana, la cual llevaba más de 30 años sin existir. Fue un partido amistoso contra la selección de Paquistán, que se realizó con el fin de mejorar las relaciones entre los dos países, las cuales de pésimas pasaron a muy malas gracias a este encuentro deportivo. Los afganos tuvieron la alegría de reestrenar a su selección ganando 3-0. Cabe hacer notar que, de los 209 países que están en la FIFA, Afganistán está situado en la 139ª posición del *ranking* mundial. ¡Justo por encima del equipo paquistaní (y de seguro por eso los invitaron a jugar futbol)!

Durante el encuentro, los afganos no tuvieron apuros y dominaron claramente el partido desde el principio, incluso se fueron al descanso del primer tiempo con una ventaja de 1-0. El público afgano salió muy contento del coloso de Ghazi, en Kabul, donde se llevó a cabo este partido. Aunque eso sí, muchos extrañaron a los vendedores de piedras del estadio que ofrecían las afiladas rocas para las lapidaciones públicas.

El club de mujeres engañadas de... de Kabul.

Breve crónica sobre la ejecución de adúlteras en los estadios de futbol de Afganistán de 1996 al 2001

En relación con este deporte extremo de los afganos uno se pregunta: ¿De dónde sacaban tantas mujeres adúlteras para ejecutar cada semana? Porque veamos: se trata de un régimen donde a todas las mujeres del país se les obliga a usar el burka, no se les puede ver ni la sombra, tienen prohibido hablar con cualquier hombre que no sea su marido, tenían prohibido educarse y trabajar, para que su supervivencia dependiera de tener un marido, y donde además todas saben perfectamente que como consecuencia de una infidelidad se les condenará a una humillante ejecución a manos de una muchedumbre sádica...

Entonces, ¿cómo le hacían para estimular la infidelidad entre las casadas? ¿Cómo se las arreglaban para que cada semana tuvieran que irse incluso a tiempos extra para poder seguir ejecutando señoras? ¿Era que la prohibición de la televisión en Afganistán había aumentado descontroladamente el sexo en ese país? ¿Era que como todas las señoras usaban el burka y no podían saber cuál había sido infiel, mejor ejecutaban a varias para atinarle? ¿Era porque el adulterio en Afganistán podía darse nada más por voltear a ver a otro hombre? La respuesta es que los talibanes metían *adúlteras cachirules*. He aquí la historia de este truculento asunto.

Por años, los gringos apoyaron la lucha del movimiento talibán afgano contra los soviéticos. Incluso el presidente Ronald Reagan llegó a decir que la organización talibán era la de "un grupo de personas piadosas que luchaban contra el comunismo para defender su derecho a creer en un Dios." Los gringos apoyaron a la guerrilla talibán y le metieron nada menos que tres mil millones de dólares a la guerra en Afganistán para chingarse a los soviéticos. Esa lana la administró su agente en ese país, Osama Bin Laden. Pero cuando por fin en 1995 los talibanes lograron gobernar su país, ya no fueron percibidos por el gobierno de Estados Unidos como "un grupo de personas piadosas que luchaban por su derecho a creer en Dios, sino como una banda de fanáticos que cometían todo tipo de excesos criminales debido a su extraviado fundamentalismo religioso." Y opinaban ahora era verdad lo que los gringos. Los talibanes eran unos monstruos, sí, pero eran SUS monstruos.

En 2001, Estados Unidos invadió Afganistán con el pretexto de encontrar a Osama Bin Laden, quien ahora ya no era empleado del gobierno estadounidense, sino su más terrible enemigo (aunque quién sabe, a lo mejor seguía trabajando para ellos, pero ahora como su enemigo número 1). El ejército estadounidense ocupó rápidamente el país, buscó a Bin Laden hasta debajo de las piedras y comprobó a los pocos meses que no se encontraba allí. Y como el objetivo oficial de la incursión era atrapar a este personaje, pues se quedaron sin pretexto para permanecer en Afganistán. Pero como nadie se toma la molestia de conquistar un territorio para luego irse diciendo "ups, usted disculpe, me equivoque de país", las tropas de ocupación estadounidenses se dedicaron a sacarle al régimen talibán los trapitos al sol y a balconear sus atrocidades para entonces poder argumentar que su invasión era una cruzada civilizadora y que no podían marcharse del lugar, pues esa siniestra organización podría regresar a gobernar.

Una de las más difundidas monstruosidades reveladas por el ejército de Estados Unidos fue la manera como se conseguían tantas señoras mancornadoras para las lapidaciones en los estadios de futbol. Resulta que los hombres talibanes, como musulmanes que eran, tenían la opción casarse con todas las mujeres que pudieran mantener, tal y como bien lo escribió el profeta Mahoma. Los señores afganos efectivamente hacían esto y así vivían casados y felices por un tiempo hasta que al marido le apetecía tener una nueva esposa. Si al hombre le alcanzaba para mantener a otra mujer simplemente se volvía a casar y ya está. Pero si no tenía los recursos para aumentar su cantidad de cónyuges, no podía casarse. El Corán lo decía claramente, y en el Afganistán de esos años un esposo no podía divorciarse solo porque quería irse con otra vieja. Eso era una asquerosa perversión occidental. Debido a esto, lo más práctico era enviudar para poder volver a casarse como Dios manda. Para lograr este objetivo, la lapidación por adulterio agilizaba mucho este requisito, pues para las leyes del talibán bastaba únicamente con la denuncia del marido, a fin de que se condenara a la señora por andar pintándole los cuernos a su esposo.

Curiosamente parece ser que para cometer un adulterio, aquí y en Afganistán, se necesitan dos personas (o más, pero mínimo dos). Sin embargo, en el Afganistán de los talibanes solo estaba previsto el castigo por este delito para la esposa. Así pues, era completamente inútil encontrar al amante, pues para este no estaba contemplada ninguna sanción. De tal suerte, la mayoría de las mujeres lapidadas en los estadios de futbol afganos eran mujeres que simplemente ya no querían mantenerlas sus maridos.

Por eso, cuando tu señora se queje porque quieres llevarla a un estadio de futbol, debes contarle la historia de los esposos talibanes y de seguro te va a considerar un marido ejemplar por solo querer llevarla a ver un partido.

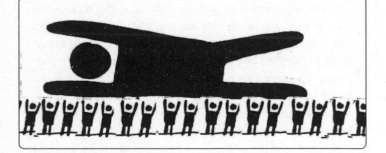

El veto a Bin Laden

Lo común es que los aficionados repudien a un equipo de futbol, incluso que desdeñen al club al cual le van, y en casos extremos que, indignados por el comportamiento de su equipo, un buen día cambien de club y aparezcan usando orgullosamente otra camiseta. Dicen quienes saben de estas cosas que se necesita el mismo coraje para

salir del clóset que para cambiar de equipo de futbol. Yo tengo un buen amigo que es charro y toda su vida le había ido al Guadalajara, pero un día llegó y nos dijo que era gay y le iba al América (es en serio).

En todo caso, jamás había ocurrido que un club cambiara de aficionado porque lo repudiara hasta que el equipo inglés Arsenal hizo eso con Osama Bin Laden. Luego de los atentados del 11 de septiembre, atribuidos oficialmente al señor Osama y su organización Al Qaeda o Al Caeda o Al Kaeda (por favor, escoja usted cómo prefiere que se escriba correctamente), Estados Unidos se dedicó a buscar por todo el planeta a este hombre, y en su afán de encontrarlo incluso usaron proctólogos con manoplas de béisbol. No escatimaron ningún recurso, y entre más rudo fuera, mejor. El mundialmente desconocido Osama Bin Laden de pronto se volvió una celebridad internacional y no había ningún medio de comunicación en el mundo que no hablara de este personaje. Poco a poco, toda la gente se fue enterando de su biografía. Así supimos, por ejemplo, que provenía de una familia muy pija de Arabia Saudita que era socia en diversos negocios de la familia de Jorge W. Bush, el presidente estadounidense que estaba buscando a Osama para matarlo. Supimos también que Bin Laden fue agente de la CIA en Afganistán durante la guerra contra los soviéticos, tenía 73 esposas, estudió de joven en los mejores colegios de Inglaterra y le iba al equipo de futbol Arsenal, los famosos *gunners* de Londres, el conjunto más longevo de la liga inglesa, que tiene como escudo un poderoso cañón. Y pensándolo bien, ¿a qué equipo le podía ir un terrorista y traficante de armas que no fuera a uno que se llamara Arsenal?

Luego de trascender la afición de Osama Bin Laden por este club, se supo también que tenía un asiento habi-

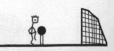

tual en el estadio del Arsenal y siempre que podía iba a verlos jugar. La porra de los arsenalistas decidió celebrar que quien era el hombre más famoso del mundo fuera *fan* de su equipo, y durante un juego del Arsenal cantaron al ritmo de la canción italiana *Volare*, de Domenico Modugno, la siguiente letra: *Osama, oh, oh, / Osama, oh, oh, oh, oh / He comes from Taliban / He is an Arsenal fan*. Y esto lo hicieron durante un partido celebrado el 11 de noviembre de 2001, es decir, al cumplirse dos meses de los atentados en Estados Unidos. Desde luego el encuentro había sido televisado y este singular canto deportivo le dio la vuelta al mundo. Los directivos del club tragaron saliva, y esta se les atoró porque los testículos les tapaban en la garganta. Antes de esperar a ver las consecuencias de tener un hincha así, decidieron curarse en salud y declararon al día siguiente y de manera oficial a Osama Bin Laden *persona non grata*. Así se dio el primer caso de un equipo de futbol que repudiaba a un aficionado, o sea, los patos tirándole a las escopetas. Y la verdad, hizo bien la directiva del Arsenal, pues en esos años, por mucho menos, los gringos les hubieran mandado un portaviones a invadir su estadio.

Como dato curioso, desde 2006 el estadio del Arsenal es el Emirates Estadium. ¡Alá es grande y misericordioso!

¡SOLO EL FUTBOL PUEDE SALVARNOS!

El autodenominado mejor alcalde del mundo, Marcelo Ebrard, cerró el último tiradero de basura de la Ciudad de México porque éramos una urbe de "vanguardia". El problema ahora es que la capital de la República no tiene dónde tirar sus desperdicios. Estos se llevan de manera "temporal" a diversos lugares donde hacen el favor de recibirla, en lo que el gobierno del Distrito Federal inventa alguna forma de resolver este asunto. (La actual administración piensa hacer un plebiscito para que los chilangos digan que no hay problema o pedir un presupuesto especial para otorgar un subsidio a quienes generen desechos).

Además, según cálculos, de toda la basura generada diariamente en la Ciudad de México, 600 toneladas van a parar a tiraderos clandestinos. ¿Qué hacer con los desperdicios del DF? He aquí una solución.

En el folleto que repartió el servicio de limpia para aprender a separar la basura en orgánica e inorgánica decía que los desechos generados en la gran capital pueden llenar en tres días el Estadio Azteca. Aunque en un día con un partido malo se logra lo mismo.

Así pues, si no hay dónde tirar la basura en la capital mexicana, ya sabemos qué hacer por lo menos durante tres días... Una vez agotado el Estadio Azteca como relleno sanitario, podría usarse el Estadio de Ciudad Universitaria, con lo cual la urbe puede librarse de su basura por dos días más.

Cuando también esté lleno este recinto, se puede recurrir al Estadio del Cruz Azul y es posible asimismo usar la Plaza de Toros México, que queda al lado, para la basura orgánica.

Usando toda esa infraestructura, durante una semana, puede ponerse en algún lado la basura de la Ciudad de México y evitar la pena de tener que ir a tirarla a otros lugares.

Así pues, debemos construir cuatro estadios de futbol cada semana y listo.

Sé que suena estúpido, pero más estúpido fue cerrar el único lugar para echar la basura que le quedaba a la ciudad sin tener otro sitio dónde ponerla. Y con todo y eso, le otorgaron un diploma como el mejor acalde a quien lo ordenó.

(vidas paralelas)

CACHANDO CACHIRULES

El futbol no es una cuestión de vida o muerte,
es mucho más que eso.
Billy Shankly, entrenador del Liverpool FC

Nos preparamos para ganar donde sea y contra quien sea.
Es momento de sacar la casta.
Chepo de la Torre, exentrenador
de la selección mexicana de futbol

Futbol es guerra.
Marinus Jacobus Hendricus "Rinus" Michels,
jugador y entrenador holandés, apodado El General.
Fue elegido por el periódico *Times* de Londres como
el mejor DT de la historia del futbol

Decía muy bien don Miguel de Unamuno que las competencias deportivas son una guerra sublimada, y el futbol es el deporte que mejor ejemplifica esta premisa. (Aunque siendo honestos, el matrimonio también es el mejor ejemplo de una guerra sublimada, pero seguramente don Miguel de Unamuno nunca lo pudo decir porque no lo dejaba su señora.) El siguiente es un breve ensayo sobre cómo los mexicanos le hemos hecho para que las guerras de verdad sean de mentiras y las guerras de mentiras sean de verdad.

México tiene la reputación de ser un país pacífico, debido a que en general jamás hemos participado en guerras. Esto es totalmente falso, pues si uno revisa la historia remota y reciente de nuestro país se ve claramente que los mexicanos siempre hemos estado en guerra, aunque, eso sí, contra nosotros mismos. Somos completamente autosuficientes en eso de andar matando gente y no necesitamos extranjeros para ello. Esta es una de las pocas cosas en que los mexicanos no somos malinchistas. En los rarísimos casos en que hemos necesitado de alguna persona de otro país para matarla, la nacionalizamos, como le hicimos con el emperador Maximiliano.

La única excepción a esta tradicional política de beligerancia ultranacionalista ocurrió en 1942, durante la Segunda Guerra Mundial, a la cual "fuimos" en contra de nuestra voluntad y principios. Nos vimos obligados a entrarle a esa contienda por tres mil buenas razones: los tres mil kilómetros de frontera que tenemos con Estados Unidos. Era vital para los estadounidenses que México fuera a esta guerra de su lado para poder dejar bien blindadas sus fronteras, pues Canadá, por ser parte del Reino Unido, ya estaba en guerra con el Eje desde 1939, y también porque no podía ser que el país donde empieza

el *backyard* de los gringos fuera el único estado de América Latina que no le declarara la guerra a las potencias del Eje.

Los estadounidenses necesitaban que todo el continente en donde solo sus chicharrones truenan (termino culinario para hablar de hegemonía geopolítica) lo secundara, y sobre todo México.

Aunque es cierto que los alemanes nos habían hundido varios barcos, esto no había sido todavía una *causus belli*, pues los submarinos nazis les habían hecho lo mismo a los gringos desde 1939. Incluso les hundieron un barco de guerra y Washington lo único que dijo fue "¡Ups!" Estos casos eran considerados sucesos desafortunados, de esos en los cuales los voceros de la Casa Blanca fruncen el ceño y sentencian con resignación: "Eso pasa por estar en el lugar equivocado, en el momento equivocado…". Y claro, ante ese tipo de frases, uno solo puede pensar que lo mismo puede decirse del espermatozoide que fecundó el óvulo que originó el nacimiento de quien hizo esa declaración.

En 1941, Estados Unidos le declara la guerra solo a Japón, pero Hitler se emociona y le declara la guerra a los gringos y obliga a Italia a que lo secunde. Así pues, sin querer queriendo, como dirían los clásicos, la superpotencia de América queda en pleito contra el Eje. Esto obliga a que todo el continente americano se viera en la imperiosa necesidad de entrarle a los trancazos y México terminó declarándole por primera vez en su historia la guerra a otro país, en 1942. Los mexicanos jamás podremos agradecerle lo suficiente al presidente Manuel Ávila Camacho todos los heroicos esfuerzos que hizo para hacerse pendejo y evitar que de verdad fuéramos a la guerra, tal y como querían los gringos. Ya en el lejano 1945 (es decir, tres años después de estar oficialmente en guerra y faltando días para que esta terminara) mandamos a combatir a una unidad meramente simbólica, el Escuadrón 201 que, debemos decirlo, cumplió muy bien todas su misiones, por lo cual todos sus integrantes regresaron convertidos en unos verdaderos héroes.

Para evitar que fuéramos a la guerra, Manuel Ávila Camacho efectuó una serie de maniobras y estrategias que demuestran que el señor era un portento en el arte de hacerse güey y sacar el mayor provecho posible sin dar nada, más allá de la esperanza de que algún día podría hacer lo que le solicitaban. Lo que hace cualquier político mexicano, pues; solo que en las condiciones en las cuales le tocó ejecutar esto a don Manuel, lo que hizo fue algo verdaderamente épico, ya que las presiones de los gringos nunca son poca cosa, y mucho menos cuando están desesperados.

Primero, puso de secretario de la Defensa a un personaje con el cual sabía que iba a ser imposible que los gringos pudieran entenderse, el general y expresidente Lázaro Cárdenas. Después les dijo que, como en las guerras hay muchos heridos, nuestro país no podría ir a un compromiso así si no contábamos con médicos y material para estos casos. Con la ayuda que recibió, equipó al Seguro Social, fundado en 1942. Luego les dijo que, mientras los derechos del Himno Nacional no estuvieran en manos del Estado mexicano, no era posible que México entrara en una guerra, pues cómo íbamos a ir a pelear sin nuestra canción de combate asegurada. Así consiguió los derechos del Himno Nacional en 1943 (véase esta historia en mi libro *Más pendejadas célebres de la historia de México*). Después les dijo que para ir a una contienda como la que se estaba librando, donde continuamente se desarrollaban toda clase de armas

prodigiosas, el país necesitaría producir sus propios e innovadores artefactos bélicos. Para ello, debíamos contar con tecnología propia y de primer nivel. Con los abundantes recursos que volvió a recibir de los gringos armó al IPN, en 1944.

A mediados de ese año, cuando se veía claramente que el Eje iba a perder la guerra y los gringos ya no iban a tolerar que se siguiera haciendo pato, Ávila Camacho le llama al presidente Franklin Delano Roosevelt para decirle que México ya está listo para enviar hombres a la lucha. Sería un escuadrón de pilotos de guerra. Lo malo es que no tenemos los aviones. Este escuadrón es entrenado y avituallado con todo lo necesario en Estados Unidos y es la unidad que finalmente va a la guerra, faltando tres meses para que se acabe. Por todos estos esfuerzos para ir a la guerra sin ir a la guerra, los mexicanos de entonces y de ahora le debemos gratitud y reconocimiento a don Manuel Ávila Camacho, el primer presidente de México que se hizo pendejo... a nuestro favor.

La otra ocasión en la cual los mexicanos nos hemos visto comprometidos para entrar en una guerra forzados por los gringos, ocurrió durante el sexenio de Vicente Fox.

El presidente Fox ansiaba el reconocimiento mundial y estaba como esas adolescentes que en los conciertos se quitan la blusa y el sostén para que las volteen a ver quienes están en el escenario (mi prima Lola hacía esto en todos los conciertos de José Feliciano hasta que alguien le comentó que era ciego). Debido a esta pulsión, nuestro primer mandatario hacía todo tipo de declaraciones desafortunadas para la prensa internacional (para la nacional también, pero eso él no lo sabía porque a estos periodistas ni los pelaba).

Una vez, durante su primer año de gobierno, él solito se propuso para arreglar el conflicto entre Corea del Sur y Corea del Norte, y además recalcó que él podía resolver ese asunto en 15 minutos (para que tengamos una proporción entre la propuesta de Fox y la realidad, la guerra entre esos dos países data de 1950, y para cuando don Vicente hizo este comentario a los medios, la beligerancia entre las dos Coreas ya cumplía 51 años). En otra ocasión se autodestapó para solucionar el conflicto entre Israel y Palestina (una causa que jamás pasará de moda). En otro momento se ofreció como mediador entre el gobierno de Colombia y las FARC para lograr la paz (la oposición secundó este disparate con la esperanza de que los guerrilleros colombianos lo tomaran de rehén). De seguro también se hubiera apuntado para acabar con la rivalidad entre el Barcelona y el Real Madrid, si Martita Sahagún no lo calla. Siempre he pensado que Fox se casó con su vocera por un asunto de seguridad nacional, pues las esposas nunca te dejan hablar (yo por eso empecé a escribir), y en el caso de don Vicente esto era vital para mantener a salvo al país. Lamentablemente, Marta no consiguió mantenerlo callado todo lo necesario, y eso comprometió peligrosamente a la nación, al grado de que estuvimos a punto de entrar en guerra.

La cosa estuvo así: en su búsqueda insaciable de reconocimiento internacional, Fox, durante su primer año de gobierno, invitó en febrero de 2001 a su rancho de San Cristóbal, en Guanajuato, al también recientemente electo presidente de Estados Unidos, Jorge W. Bush. Esta fue la primera visita oficial de Bush a un país extranjero como gobernante de su país. Esta cumbre entre los dos jefes de Estado se realizó con un protocolo que exigía la más estricta informalidad (la única etiqueta que se usó en este encuentro fue la de una botella de *whisky*, y eso porque era Etiqueta Negra). Para el acto, ambos mandatarios vistieron pantalones de mezclilla,

botas texanas y camisas de cuadros. Hubo mariachis, taquiza y cariñosos piquetes de ombligo. Además, todos los discursos estuvieron plagados de frases coloquiales y alegres dicharachos. Incluso Fox, durante esta reunión, aseguró que ahora la relación entre México y Estados Unidos era la mejor posible, pues él y el presidente de la superpotencia hegemónica mundial se hablaban "de ranchero a ranchero", ya que Jorge W. Bush también tenía un rancho en Texas.

Esta afinidad hacía que, en la extraviada fantasía de Vicente Fox, él creyera firmemente que ambos jefes de Estado tenían un entendimiento excepcional. A partir de ahí, Fox se quedó con la idea de que él era para Bush como el hijo que este jamás tuvo, y Bush cada vez que veía a Fox, le daba gracias a Dios de jamás haber tenido un hijo así. Esta primera "visita de Estado" marcó lo que sería el resto de ese sexenio en materia de relaciones exteriores: Un clarísimo fuera de lugar. Al año siguiente ocurrieron los polémicos atentados del 11 de septiembre. Bush sacó su escopeta de bombas atómicas y se puso a apuntarle a todo el que se asomara al enorme rancho que administraba: Estados Unidos. Entonces la relación de ranchero a ranchero fue de:

—¡Hola, vecino!

—¿Qué me ves, güey?

Poco después, y a razón de nada, Fox se aventó la puntada de organizar en México dos reuniones de la ONU, una en 2002 y otra en 2004. Sí, dos cumbres internacionales en donde se debía reunir literalmente TODO el mundo. El resultado fue que nos trajimos a México los problemas de TODO el mundo, sin ninguna necesidad. Todo esto, desde luego, pagado con nuestros impuestos. Don Vicente mandó a su secretario de Relaciones Exteriores, Jorge Castañeda, a que anduviera de ofrecido con Kofi Annan, secretario general de las Naciones Unidas, para decirle que, en lugar de hacer sus reuniones en su sede, las hicieran en México, bonito país que tenía un presidente alto y con bigote que se sabía unos chistes buenísimos para la sobremesa. Por supuesto, Annan lo mandó a la ~~fregada~~ sala de audiencias de la ONU, pero cuando Castañeda le comentó que la reunión le iba a salir gratis porque México absorbería los costos de la cumbre, el señor Kofi aceptó echarse un *coffee* con el ministro mexicano.

La ONU podía ahorrarse una lanota y escurrir el impacto de tener que lidiar con toda esa bola de ojetes que forman la comunidad internacional con generosos anfitriones. Además, gratis hasta las puñaladas. Esa es una ley universal. Pero aunque el caballo fuera regalado, Kofi Annan tenía que verle el colmillo. La ONU, para dejarse invitar, exigía que nuestro país cumpliera con los melindrosos protocolos de esta organización, sus elevados estándares de seguridad y sus complejos requerimientos técnicos, como por ejemplo la necesidad de inventar una inmensa consola de audio que pudiera llevar a los cientos de delegados la traducción, simultánea y en diversos idiomas, de todos los discursos de la cumbre. Esto lo sé porque un buen amigo, Manuel Palazueloz, la construyó y es la fecha que sigue esperando a que la Secretaría de Relaciones Exteriores se la pague. (Al parecer, por eso Castañeda podía ofrecerle a la ONU que hiciera gratis su reunión, porque a él tampoco le iba a costar nada.)

Durante las Cumbres de Monterrey hubo casos muy chistosos (básicamente nos resultan chistosos porque las consecuencias de lo sucedido a los mexicanos nos valen

madre). Tal fue el hecho de que se les ocurrió hospedar en el mismo hotel a las delegaciones de Corea del Sur y Corea del Norte, y cada que coincidían en el elevador los delegados de los dos países se querían matar (los organizadores del hospedaje usaron un criterio de orden alfabético para ir acomodando a las representaciones y por eso las dos Coreas quedaron juntas).

Pero la bronca más memorable de las Cumbres de Monterrey, o la ONU Región 4, fue cuando, durante la segunda edición de este encuentro, Vicente Fox se vio obligado a ser el anfitrión de dos archirrecontra enemigos: Fidel Castro y su ranchero favorito, Jorge W. Bush. Y como si eso ya de suyo no fuera realmente espinoso e incómodo, nuestro presidente elevó aún más el grado de dificultad para su misión imposible al intentar hacerlo tratando de quedar bien con los dos mandatarios. Como suele decirse: "se le juntaron las viejas…".

Bush no quería ver a Castro allí y Castro quería que Bush lo viera allí. Esta disputa entre dos divas de la política internacional nos ocasionó, de manera absolutamente gratuita, una crisis diplomática con Estados Unidos y con Cuba que, mientras duró, siempre mantuvo el patético nivel de un pleito de chismes entre niñas de secundaria bipolares.

Al verse en este predicamento, Fox trata discretamente de encontrar una salida decorosa para todos. Le llama por teléfono a Fidel Castro para pedirle que le haga el favor de llegar a la cumbre primero, dar su discurso e irse antes de que Bush aparezca (para que podamos dimensionar mejor la propuesta, esto era algo así como pedirle a Paulina Rubio que llegara a cantar al Teletón y se fuera antes de que arribara Thalía). Para compensar esta cuita, nuestro presichente le propone a Fidel invitarlo a comer un rico cabrito regiomontano sentado a su lado y en un sitio de honor, para que se vea el enorme cariño y la tradicional deferencia que ha tenido siempre el gobierno mexicano con Cuba. Después de la foto que ilustraría con ellos esta hermosa relación entre pueblos hermanos, Fox le solicita a Fidel que POR FAVOR se regrese a su casa antes de que llegue Bush, para que no los vea a ellos dos juntos. (Era como un capítulo del programa *Cheaters*.)

Durante la conversación, Fox le repasa varias veces al dictador cubano su plan y al intentar resumirle este al viejito, para que le quede bien claro, lo simplifica al máximo y suelta la famosa frase de: "Mira, Fidel, comes y te vas". Fox le pide a Castro, desde el principio de la llamada, que POR FAVOR no grave esa conversación telefónica, pues debe ser absolutamente confidencial. Fidel le dice que no tiene nada de qué preocuparse, pues él no la está grabando y además accede amablemente a hacer TODO lo que pide el presidente mexicano. Fox le agradece conmovido a Castro Ruz por todo su apoyo y le suelta una de esas frases de reconocimiento extremo como las que te dicen los tipos a quienes les prestas dinero antes de que jamás vuelvas a verlos en tu vida.

Dicho lo cual, ambos jefes de Estado cuelgan despidiéndose muy fraternalmente. Acto seguido, Fidel filtra a todos los medios la grabación de esta bochornosa conversación telefónica para apestar la cumbre de Monterrey. A esto siguió el balconeo mutuo de ambos gobiernos durante dos años. Cada uno exhibió, hasta la náusea, los calzoncitos sucios del otro. Todo esto, insisto, fue algo completamente innecesario, pues si hubiéramos dejado que la ONU hiciera ella solita su chamba esto jamás nos hubiera pasado.

Como sea, aparentemente, el fabuloso cabildeo internacional que se patrocinó Vicente Fox culminó con el puesto honorario de México como miembro del Consejo

de Seguridad de la ONU en 2003. Por fin, nuestra nación se sentaba entre los poderosos del mundo y Adolfo Aguilar Zínser, entonces asesor en materia de seguridad del presidente, sería el encargado de representarnos en tan distinguido lugar.

El Consejo se Seguridad de la ONU está integrado por todas las grandes potencias militares con armas atómicas y unas ~~mascotas~~ naciones invitadas, que deben tener como principal atributo no ser capaces de hacer ni siquiera una bomba de chicle. En general, estos países actúan como una especie de reyes de carnaval en esa comparsa de superasesinos globales. Desde luego, todo esto es una mera "cortesía diplomática" para mantener la apariencia de eso que llaman la doctrina de la multilateralidad que le da sentido a la ONU. Sin embargo, estas naciones honorarias tienen derecho a voto durante el periodo que le toca presidir dicho consejo.

Cuando se anunció que México había llegado a esta destacada posición internacional, a Vicente Fox y su secretario de relaciones exteriores, Jorge Castañeda, nada más les faltó irse corriendo a la Columna de la Independencia, con la cara pintada con los colores de la bandera, a gritar: "¡Sí se pudo, sí se pudo, sí se pudo!". Esta noticia se presentó como una muestra clara de que YA se nos tomaba en cuenta "como uno de los grandes", y de que el resto de las naciones nos miraban con admiración y respeto… y, por qué no decirlo, hasta con un poquito de envidia de la buena. Pero al poco tiempo quedó claro que nuestra llegada al Consejo de Seguridad de la ONU en ese momento fue en realidad una operación planeada por la CIA para que Estados Unidos tuviera el voto que le permitiera a Bush romper el veto de esta organización y efectuar la invasión "legal" de Irak, y México quedó metido en ese espantoso aprieto con la pinchisísima po-

sición de ser el fiel de la balanza entre la guerra y la paz.

Cuando nos dimos cuenta de la terrible bronca en que nos habíamos metido, el país entró en pánico escénico, y como en todas las situaciones de vida o muerte, comenzamos a hacernos cuestionamientos muy graves: ¿México iba a entrar en una guerra contra Irak? ¿Íbamos a ir a una abominable guerra para complacer a los gringos? ¿Este conflicto sería el inicio de la tercera guerra mundial y el fin del mundo? Y lo más importante: ¿Podíamos declararle la guerra a un país que ni siquiera sabíamos la forma correcta en que se escribía? ¿Era Irak, Iraq o Irac, o era Irakcq? Durante todo el conflicto, los diferentes medios mexicanos ensayaron las más variadas formas de escribir el nombre de esa nación.

Para todos los mexicanos, los laureles de gloria que Fox se había colocado al llevar a México al Consejo de Seguridad de la ONU se convirtieron en orejas de burro. Pocas veces (casi nunca, la verdad), todos los mexicanos hemos estado de acuerdo en algo, y esa vez fue el rotundo rechazo a la guerra. Esto fue tan evidente que hasta Vicente Fox se dio cuenta; es más, incluso él, detestaba la idea de meter a México en la invasión de otro país, aunque fuera solo con su voto. Pero ya estábamos metidos en esa pesadilla y los gringos nos estaban arrastrando a la guerra una vez más. Al ver el secretario de Relaciones Exteriores, Jorge Castañeda, el pedo en que nos había metido, por fin hizo lo que debió haber hecho desde el primer día que le dieron el cargo: renunció. Sí, renunció, pero nos dejó colgados de la brocha… o abrochados de la que le cuelga, para no decir viceversa.

Fue en ese difícil momento cuando Vicente Fox recurrió a lo que todos los mexicanos hacemos para salir de nuestros problemas: hacerse pendejo. Así pues, de pronto resultó que nuestro presidente tenía lastimada la

columna vertebral. ¡Él, que iba a caballo hasta al baño, tenía una hernia discal! Decidió someterse a una cirugía para arreglarla, y esta operación providencialmente coincidió con el día de las votaciones en el Consejo de Seguridad de la ONU para avalar o no la invasión de Irak. Bush presionó por todos los medios al gobierno mexicano para conseguir el voto a favor de la guerra. Sin embargo, cada que llegaba a Los Pinos una delegación estadounidense, el presidente tenía que ir a su rancho en Guanajuato a ordeñar vacas, y cada que Bush llamaba al celular de Fox, este fingía una voz aguda mientras decía: "Lo sentimos, el saldo de tu teléfono se ha agotado, te sugerimos abonar una ficha de tiempo aire", y luego le colgaba.

Hoy sabemos, gracias a las memorias de Jorge W. Bush publicadas en 2010, que el 12 de marzo de 2003, día de esta polémica votación en la ONU, el presidente estadounidense llamó ¡50 veces! a Vicente Fox (ya ni Martita hacía eso cuando eran novios) y este jamás le tomó las llamadas. La razón oficial era que Fox se encontraba inconsciente por la anestesia de su operación. Desesperado, Bush llamó al secretario de Gobernación, Santiago Creel, quien en esos momentos de indisponibilidad del mandatario mexicano era el que llevaba los asuntos de la agenda nacional. (Conviene hacer notar que esa fue la primera vez en la historia de México que un presidente delega en uno de sus colaboradores el gobierno de la nación, aunque sea por unas horas. En 1952, a Ruiz Cortines le operaron el apéndice con anestesia local, y en 2000, a Ernesto Zedillo le intervinieron una de las rodillas de igual manera, para no tener que delegar en nadie el poder.) Pero Creel tampoco le pudo dar razón a Bush sobre el tema que le interesaba. Solo le informó que él no podía tomar ninguna decisión sin consultar

al presidente y que su función como jefe del país en esos momentos consistía únicamente en tomar los recados. Lo mismo ocurrió con Adolfo Aguilar Zínser, quien era el que debía de votar por México ese día en el Consejo de Seguridad de la ONU.

Al final de la votación del 12 de marzo de 2003, Estados Unidos obtuvo solo ocho votos a su favor y necesitaba nueve como mínimo para impulsar su invasión a Irak con el aval de la ONU. El voto de México fue una abstención. No les dijimos sí a los gringos, pero tampoco les dijimos no. Algo completamente congruente con la política que siempre hemos tenido con nuestro vecino del norte.

Al día siguiente Fox le llamo a Bush, ya recuperado de su anestesia, y le dijo de ranchero a ranchero: "¿Cómo que perdimos, compadre?" Bush había perdido la guerra diplomática en la que el voto de México le era decisivo, y por esta razón debió aventarse la invasión de Irak por la libre. Como consecuencia de esto, Bush hizo el berrinche de su vida y boicoteó la intención de Fox de traerse a México un nuevo evento internacional: la Expo Universal 2005, que se pretendía realizar en Querétaro.

Por otra parte, la situación de Adolfo Aguilar Zínser como embajador de México ante la ONU se fue volviendo cada vez más y más difícil, hasta que renunció al cargo en noviembre 2003, quedando totalmente enemistado con el presidente Fox. Aguilar Zínser murió poco después, el 5 de junio de 2005, en un accidente automovilístico camino a su casa de Tepoztlán, Morelos. Todos confiamos en que la CIA no tuvo nada que ver en esto.

Por cierto, las armas químicas que supuestamente tenía el gobierno de Irak y fueron la razón oficial por la cual se invadió ese país no han aparecido hasta la fecha, pero el ejército estadounidense las sigue buscando

y por ello permanece ocupando esa nación. Después de la invasión de Irak, solo se comprobó que Sadam Hussein no tenía armas químicas y que Jorge W. Bush no tenía madre...

Al final, Fox pudo participar en la guerra de Irak, sin ir a la guerra de Irak. En 2004, pudo presumir que el IFE asesoraría al gobierno iraquí de transición, capacitándolo para que organizara sus primeras elecciones libres (bueno, con todo lo libres que pueden ser unas elecciones cuando el país está ocupado por tropas extranjeras). Fox declaró muy orondo que la junta de gobierno provisional de Irak escogió al instituto electoral mexicano porque era garantía de profesionalismo, transparencia y confianza, y que era un orgullo que nosotros fuéramos quienes sembráramos la primera semilla de las instituciones democráticas de esa nación, después del derrocamiento de Sadam Hussein. Estas elecciones asesoradas con el *know-how* mexicano se celebraron en 2005 y sus resultados fueron impugnados con violencia por los candidatos perdedores. Con ello podemos comprobar que efectivamente aprendieron de nosotros a hacer elecciones.

¿Y por qué cuento todo esto?

Porque así como los mexicanos hacemos hasta lo imposible con tal de no entrar en una guerra de verdad, también hacemos hasta lo imposible, e incluso hasta lo indebido, para entrar en una guerra simbólica como lo es el futbol. Esto fue precisamente lo que hicimos en 1988 con el famoso caso del *cachirulazo*, cuando se descubrió que la selección juvenil mexicana de futbol alineó, por lo menos, a cuatro jugadores que sobrepasaban la edad reglamentaria durante las eliminatorias para clasificar a la Copa Mundial Juvenil de 1989, que se celebraría en Arabia Saudita.

Para poder jugar en este torneo, los futbolistas debían tener menos de 20 años, pero como los directivos de la selección no confiaban en que los muchachos pudieran con el paquete decidieron echarles una mano…, *una mano negra*. Metieron en el equipo a unos jugadores que superaban la edad reglamentaria falsificando sus actas de nacimiento y registros. Todo esto con el apoyo y complicidad de los directivos de la Federación Mexicana de Futbol. Ya se sabe: en la guerra y en el futbol todo se vale.

Y todo iba viento en popa con esta transa. La selección juvenil mexicana ya estaba prácticamente calificada, cando unos periodistas destaparon la realidad de las edades de los futbolistas que se habían alineado en el equipo. El viento en popa se transformó en viento en pompa, porque se armó un pe…, pero de aquellos que debes salirte de la casa por varios días hasta que se vaya el olor.

México ya le había ganado en las primeras eliminatorias a Guyana y Guatemala. Con estos triunfos, tenía asegurado ya el pase al mundial juvenil. Sin embargo, los periodistas Antonio Moreno y Alfredo Ruiz encontraron unas clarísimas inconsistencias en las edades de varios de los integrantes del seleccionado mexicano, tras revisar el anuario que la propia Federación Mexicana de Futbol había publicado en 1988. La diferencia entre las edades publicadas allí y las proporcionadas a la Concacaf eran, en el caso de los jugadores Gerardo Jiménez y José de la Fuente, de más de dos años con respecto a la máxima permitida en el torneo. José Luis Mata se pasaba por cuatro años. El defensa Aurelio Rivera, quien era además capitán del equipo, se pasaba nada más por siete… Ni la cantante Lucía Méndez se ha bajado tanto la edad cuando le preguntan.

La Federación Mexicana de Futbol, por medio de su presidente Rafael del Castillo, negó rotundamente la información que sacaron los periodistas. Los acusó de mentirosos y de pertenecer a esa casta maldita de mexicanos que no soportan el triunfo de otros mexicanos. Esos perversos cangrejos del fondo de la olla que jalan hacia abajo a los que van saliendo de la cazuela. Esos envidiosos paisanos que por sus resentimientos y complejos personales prefieren sabotear a los héroes que pueden inspirar al país para superarse. Con argumentos así, descalificó los datos de estos reporteros.

Pero la nota ya se había vuelto famosa. Los agentes del servicio de espionaje internacional de la federación de futbol guatemalteca consiguieron un ejemplar del periódico mexicano donde se publicó esta investigación periodística y pusieron el grito en el cielo. Ellos habían sido eliminados por México y ahora reclamaban ante la FIFA que se averiguara este bochornoso asunto. En la indagatoria fue confirmada rápidamente la falsedad de las edades con las que inscribieron en la Copa Mundial Juvenil a los cuatro jugadores mexicanos. Así pasamos directamente a la final para irnos a la chingada. La selección juvenil mexicana de futbol fue expulsada de ese torneo y además se le prohibió participar en juegos de la FIFA durante dos años. Y para mayor INRI, como diría mi abuelita, en su lugar se puso a la selección guatemalteca para continuar en las eliminatorias rumbo al Mundial Juvenil de Arabia Saudita 1989.

A este escándalo se le conoció como el *cachirulazo* o *la selección de los cachirules*. El origen de este nombre proviene de un programa infantil de los inicios de la televisión mexicana llamado *Teatro Fantástico*, en donde el actor Enrique Alonso hacía un personaje llamado Cachirulo. Aunque, en mi opinión, era mucho más apropiado el

nombre de *el chabelazo* o *la selección de los chabelos*, pues el personaje que hace Javier López Chabelo ilustra mucho mejor el caso de una persona mayor haciéndose pasar por una demasiado joven.

Al conocerse en México estas sanciones, la FMF comprendió que ESO era algo que no se les podía hacer a los muchachos de la selección juvenil de futbol, pues no tenían edad para soportar tanta desgracia, y quiso meter de manera clandestina jugadores más grandes para que con su experiencia pudieran soportar mejor las adversidades. Sin embargo, parece que se acordaron de que justo por eso los habían castigado y la Federación Mexicana de Futbol buscó entonces apelar ante la FIFA con la esperanza de anular o minimizar el escarmiento de la Concacaf, pero en su intento por apelar se la apelaron.

Los directivos mexicanos llegaron a las oficinas de la Asociación Internacional de Futbol pensando que con la autoridad que el directivo mexicano Guillermo Cañedo tenía en la organización iban a poder revertir la sentencia. Cañedo era presidente del Comité Organizador de las Copas Mundiales de la FIFA y el principal asesor del entonces presidente de esta asociación, João Havelange. A esto se sumaba que México apenas hacía unos años había sido sede del Mundial de Futbol de 1986, y la inercia de este negocio aún reciente podría ser un buen atenuante en la FIFA, pero no coló. Esta asociación no solo no retiró las sanciones impuestas, sino que además hizo extensiva la suspensión por dos años a todos los demás seleccionados mexicanos, incluyendo la selección mayor, es decir, NUESTRO TRI. Así pues, México se quedó sin poder mandar una selección de futbol a los Juegos Olímpicos de 1988 en Seúl y sin poder ir a la Copa del Mundo de 1990 en Italia. La FMF salió de la reunión con la cola entre las patas y dando gracias

a Dios de haber renunciado a sus reclamaciones antes de que la FIFA prohibiera que se jugara futbol en México.

Sobre las razones de esta tremenda resolución existen dos hipótesis: lo que hizo la FMF con los cachirules sí fue muy grave o que a Guillermo Cañedo todos lo destetaban en la FIFA.

Las consecuencias del cachirulazo generaron la indignación popular en México y el Mundial de 1990 se vivió en este país con un amargo resabio de duelo nacional. Los mexicanos nos pusimos como hormigas a las que les tapan el agujero, pues no sabíamos a qué equipo debíamos entregarle ahora nuestra lealtad y nuestros corazones. Y lo peor era que nos remordía profundamente la conciencia pensar que en el fondo hacer esto era una traición a la patria.

Por meses, recorrimos desolados las listas de las selecciones clasificadas, buscando razones para apoyar a alguna. Unos propusieron que lo mejor sería apoyar a Brasil para que la copa se quedara en América. Esta pendejada pegó en amplios sectores. Otros objetaron apoyando a Argentina, que también es un país americano. Pero se objetó que Argentina quedaba más lejos de México que Brasil; por lo cual, si se apoyaba a los brasileños y ganaban el mundial, la copa iba a estar más cerca de nosotros que si la ganaban los argentinos. Algunos otros, con mucha más noción de la geografía, pero mucha menos noción del futbol, plantearon que lo mejor sería que los mexicanos apoyáramos a la selección de Costa Rica en el Mundial de 1990, pues ese país quedaba aún más cerca de México y si ganaba el campeonato, la copa del mundo estaría más cerca que nunca de nuestra patria.

Fue entonces cuando otros opinaron que, en ese caso, a la selección que debíamos apoyar todos para ese mundial era a la de Estados Unidos, pues esa nación sí tiene frontera con el territorio mexicano, y si ganaba el campeonato, era casi casi como si la copa estuviera en México. Sin embargo, por alguna razón que jamás he alcanzado a entender, cuando se trata de futbol los estadounidenses son profundamente despreciados por nosotros.

Así pues, cada que se mencionaba esta opción, siempre se hacía un incómodo silencio. Desde luego, el apoyo sugerido a la selección de Estados Unidos fue inmediatamente frenado por la exhortación a que mejor apoyáramos a la selección de la Unión Soviética, pues si ellos ganaban el mundial, compartirían la copa con el proletariado de todo el mundo. ¿Y dónde va a haber más jodidos que en México? Pero contra este argumento se esgrimió que si esto era así, entonces los mexicanos a lo mejor estaríamos trabajando para que los soviéticos le terminaran dando la Copa del Mundo a Cuba, ¡donde no se juega futbol porque solo está permitido un partido...! (Por cierto, este fue el último mundial en donde participó la Unión Soviética, pues para 1991 ese país ya había desaparecido.) Otros más propusieron que debíamos irle a España, pues era la madre patria, pero justo por ello esa opción fue percibida como una regresión edípica y fue desechada por impresentable.

Estábamos como esas ninfómanas que se quedan vírgenes por no saber a quién dárselas. Así de patético fue nuestro paso por el Mundial de 1990. Resultaba lastimoso vernos frente a los televisores intentando echar porras sin ninguna convicción. Era como fingir orgasmos pero con apuntador. Fue sin duda la mayor depresión colectiva que haya tenido México. Mal, muy mal.

A lo largo de esos dos años en que el futbol mexicano estuvo vetado por la FIFA, la FMF se la pasó gritándole a los periodistas que les balconearon su transa: "¡Bravo, idiotas! ¿Ya ven lo que nos hicieron por su culpa?". Y esos periodistas les contestaron con los mismos argumentos. Estas dos posturas polarizaron a la opinión pública. Afortunadamente, durante esos años oscuros para el futbol nacional hubo un grupo que, aunque muy minoritario, supo ver el lado bueno de esta tragedia, pues gracias

a la proscripción de la FIFA nos ahorramos el trauma de no haber calificado para ir al Mundial de Italia o, peor aún, de que todo el mundo se enterara de que los jugadores de la selección mexicana tienen en realidad más de 70 años de edad y salen maquillados y con el pelo teñido a jugar, ya que la FMF ha falsificado sus actas de nacimiento desde el Mundial de 1938.

Colofones

(No sé exactamente qué es eso, pero recuerdo que una vez tuve colofones y se me quitaron después de unos meses de tomar penicilina. Aunque, claro, también los colofones pueden ser los teléfonos que usaba Cristóbal Colón para comunicarse con los de las otras carabelas, pero de seguro es una de las dos).

1. Guillermo Cañedo murió en 1997, pero alcanzó a ver cómo la selección mexicana pudo pasar a la segunda fase en el Mundial de Estados Unidos de 1994. En 1998, a Emilio Azcárraga Milmo, presidente de Televisa, se le ocurrió rebautizar al Estadio Azteca con el nombre de Guillermo Cañedo, básicamente porque, luego de que en 1993 apareció TV Azteca, el nombre del Estadio Azteca le parecía un producto de su competidor. Por varios años se intentó posicionar el nuevo nombre del recinto, pero nunca cuajó. Cuando en Televisa comprendieron que nadie conocía al Estadio Azteca como Estadio Guillermo Cañedo, pero sobre todo nadie conocía a TV Azteca, regresaron tranquilamente al nombre original.

2. El término *cachirul* en México se convirtió en sinónimo de falsificación o suplantación. Así pues, a partir de este caso fue común oír hablar de candidatos cachirules, diputados cachirules, maestros cachirules, esposos cachirules y hasta embarazos cachirules.

3. Las transas para hacer que la selección mexicana de futbol logre la clasificación a como diera lugar no terminaron con la reprimenda de la FIFA por el caso de los cachirules. El último escándalo en este

sentido ocurrió con el caso del clembuterol, en junio de 2011, cuando cinco jugadores dieron positivo en la prueba *antidoping*. Durante unos meses, el fantasma de la sanción revoloteó de nuevo al TRI, y algunos equipos a los cuales les había ganado el conjunto mexicano vieron en esto la oportunidad de impugnar el resultado de los partidos. Finalmente no hubo ningún castigo, debido a que el clembuterol es una sustancia que aparentemente puede aparecer en el cuerpo de un jugador como la Virgen en el Tepeyac, de manera fortuitita y misteriosa. Además, como puede esconderse en diferentes alimentos de origen animal, no existe una manera de evitar su aparición (incluso los jugadores que se comen las uñas corren peligro de dar positivo en clembuterol por hacer esto). Así pues, ante la imposibilidad técnica de demostrar si esta sustancia prohibida para los deportistas era consumida de manera deliberada o accidental, la FIFA decidió no hacer cargos. Desde entonces ha sido recurrente que los jugadores mexicanos den positivo en clembuterol, pero ya nadie se preocupa. Además, a últimas fechas es lo único positivo que tiene la selección nacional.

4. La sanción de la FIFA a la FMF en 1998 por el caso de los cachirules ha sido la más severa que esta asociación ha impuesto en su historia.

5. Durante la crisis diplomática de 2003 por la votación del Consejo General de la ONU para apoyar o no la invasión estadounidense de Irak, el siniestro secretario de Relaciones Exteriores de esos años, Jorge Castañeda, insinuó varias veces que si México votaba a favor del ataque de George W. Bush contra Sadam Hussein, en reciprocidad la Casa

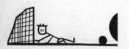

Blanca aprobarían la anhelada reforma migratoria para que los mexicanos pudieran trabajar legalmente en ese país. Desde que tengo uso de razón (hace exactamente 15 minutos), esta reforma ha sido siempre la fantasía erótica del gobierno de México respecto a Estados Unidos. Pero aun con todo lo deseado que siempre ha sido esto para nosotros, ni por eso nos animamos a entrarle de verdad a una guerra, ni siquiera únicamente como aval. Mi tesis es que si en lugar de la reforma migratoria los gringos nos hubieran ofrecido poner a la selección mexicana de futbol directamente en las semifinales del Mundial 2002 de Japón y Corea del Sur, de seguro hasta la fecha habría tropas mexicanas en Bagdad.

(La libertad)

CADENA DE ORACIÓN PARA QUE GANEMOS EL MUNDIAL DE FUTBOL

San Judas Tadeo, nuevo DT de la selección nacional

Patrono de las causas difíciles y desesperadas

¡SÍ SE PUEDE, SÍ SE PUEDE, SÍ SE PUEDE...!

¡Oh poderoso San Judas Tadeo!
tú que lo más canijo haces posible,
haz que cada uno en mi equipo se vuelva
invencible, desde el masajista hasta el
delantero.

¡Oh poderoso San Judas Tadeo!
tú, que conseguiste pelo al calvo,
abogado al diablo
y máscara al feo.

Por favor permite,
¡oh dulce señor!,
que el árbitro pite
penalti a favor.

Que los delanteros
de los adversarios
caigan en agujeros
y te hago un rosario.

Que un rayo al portero
lo deje cegado,
le rompa el trasero
y lo deje tarado.

San Judas bendito,
esto que sugiero
hácelo al portero
del otro equipito.

Pal árbitro pido,
si nos es adverso,
le caiga un planeta
y lo deje tullido.

Haz que nuestro equipo gane la final,
que este campeonato ganen el Mundial,
sin que se le cachen en algo inmoral
y que sean felices comiendo tamal.

Que al cantar el himno ya no se equivoquen,
que no hagan orgías con el rocanrol
ni den positivo en clembuterol
ni metan pirujas para que los roben.

Por favor te pido que,
aunque sean maletas,
hagas que se cumplan
ya todas sus metas.
¡Oh San Judas Tadeo!
Oh San Judas bendito!
si tú me cumples todito
yo te beso el... los piecitos.

**Para que esta petición
dé resultado, debes
mandar la cadena
de oración a once
personas más. Una
persona que lo hizo
se sacó la lotería, el
Melate, las quinielas,
y se ligó a la Miss Universo
de este año.
Por el contrario,
otra persona que ignoró
esta cadena una vez que
la recibió se le puso
un plantón de la CNTE
frente a su casa
y le dio cáncer
en su signo zodiacal.
...Pero tú sabes lo que
haces.**

LOS OTROS MUNDIALES DE FUTBOL

*En el futbol ganar no es lo más importante…
siempre y cuando ganes.*
**Vinnie Jones, futbolista de Gales, quien tiene el récord
Guinness como el jugador que en menos tiempo
lo han expulsado: a tan solo cinco segundos de
iniciado el partido le sacaron tarjeta roja.**

El futbol es como el ajedrez, pero sin dados.
**Lukas Podolwski, mediocampista
alemán de origen polaco.**

*El futbol es cuestión de suerte. Nosotros en esta ocasión
no tuvimos suerte y no entró el gol. El otro equipo
sí la tuvo y entraron tres goles.*
**Manuel el *Chepo* de la Torre, exentrenador de la
Selección Mexicana de Futbol.**

Desde que se realizó el primer Mundial de Futbol, en Uruguay en 1930, poder asistir a este torneo se convirtió para el mundo entero en la nueva esperanza del paraíso prometido, porque como ya lo dijo San Jules Rimet: "Muchos son los llamados pero pocos los elegidos", y como también escribió: "Fuera de la FIFA no hay salvación". El mundial es la meta vital de toda la humanidad. Solo los estadounidenses son inmunes al anhelo mundialista. Según yo, esto se debe a que, como ellos son los mayores consumidores de droga en el mundo, pues con todo lo que se meten ya no necesitan el futbol. Sin embargo, para los demás países del planeta ir a un mundial es considerado el honor más grande al cual puede aspirar cualquier nación, y ganar esta copa es ya el colmo de la felicidad y la gloria para un pueblo. Por el contrario, no calificar es un trauma colectivo para el país al que le sucede esta desgracia, y ni con 20 años de terapia uno se recupera de este duro golpe emocional. Yo he estado yendo al psicólogo desde 1990, cuando México no pudo ir al Mundial de Italia por el asunto de los cachirules, y apenas hace dos años logré por fin perdonar al entonces presidente de la Femexfut, Rafael del Castillo (aún estoy trabajando con mi analista para superar mi odio hacia el resto del equipo y DT de esos años; seguramente para antes de que muera ya al menos habré logrado resolver mi resentimiento contra el delantero Gerardo Jiménez). No es exagerado afirmar que no conseguir la clasificación para ir a un mundial se considera una afrenta nacional que puede levantar la santa indignación popular y la hostilidad de los gobernantes hacia los integrantes del equipo. Por eso los futbolistas cobran tanto porque su trabajo es de alto riesgo, y si llegan a perder deben cambiarse de nombre, de país y de sexo para poder escapar de las represalias. Ejemplos de esto sobran. Quizás

el más reciente sea lo sucedido a la selección de Costa de Marfil. En el año 2000, los seleccionados de ese hermoso país africano estaban haciendo una brillante campaña para clasificar a la copa africana, pero se les empezaron a enmarañar las cosas cuando, tras un empate con la selección de Togo, se vieron obligados a ganar con una marcador de tres goles sobre su siguiente adversario para reunir los puntos necesarios y así ganar su pase a dicho torneo. El juego decisivo para saber si irían o no al *Mundial Africano* sería contra la selección de Ghana, el 31 de enero del año 2000. La selección de Costa de Marfil salió a vencer con todo, lo cual efectivamente consiguió, pero el necesarísimo tercer gol jamás pudo marcarlo. Había ganado, pero había perdido. Aun así, les quedaba la satisfacción de que al menos habían luchado dignamente para obtener la clasificación y su esfuerzo iba a ser reconocido en su país. Eso creían firmemente... hasta que la realidad los desengañó. El avión en el cual viajaban hacia Abyan, capital de Costa de Marfil, fue desviado y mandado al aeropuerto de Yamusucro, localidad a unos 30 kilómetros de Abyan. En este lugar, los seleccionados y su director técnico fueron despojados de sus celulares para mantenerlos incomunicados. Después fueron metidos en camiones militares y llevados a un cuartel donde les informaron que habían sido detenidos para aprender "civismo y disciplina". En el sitio donde fue confinado el equipo, lo estaba esperando el mismísimo gobernante del país, el general Robert Guëï, líder de la junta militar que había derrocado al presidente anterior, Henri Konan Bédié. Ese fornido militar de 51 años se encargo de ser el maestro de civismo y disciplina del seleccionado. Durante el tiempo en que estuvieron internados, los futbolistas eran levantados por el general Guëï a las cinco de la mañana y llevados a marchar y hacer ejercicios mientras este oficial los instruía en las sutilizas de la educación cívica usando el modelo pedagógico de la tropa, es decir, a mentadas de madre y patadas en el culo. Luego de los agotadores ejercicios, los futbolistas eran obligados a leer libros sobre patriotismo (esto último fue considerado por los jugadores una verdadera tortura, pero su queja por alguna razón fue desestimada por Amnistía Internacional). La noticia de que la selección de Costa de Marfil había quedado bajo arresto militar trascendió en el mundo entero. Y para que vean lo que es el futbol, un año antes un golpe militar había derrocado al presidente de Costa de Marfil. A todo el mundo le valió madres (me incluyo) y ahora los seleccionados de esa nación estaban confinados por no clasificar para una copa y todo el mundo entero se sentía consternado porque se estaba violando el estado de derecho de una manera inaceptable (la verdad eso también a mí me valía, pero no pude lograr influir en la opinión pública mundial respecto a este asunto). Las presiones mediáticas internacionales comenzaron a llegar a Costa de Marfil (un país al cual se le puede presionar hasta con dejarle de hablar) y a los pocos días fueron liberados los futbolistas. El general Guëï realizó una rueda de prensa internacional para explicar que lo que había hecho no fue para castigar a los jugadores, sino para salvarlos del linchamiento popular, y esa fue la razón por la cual los había tenido recluidos.

El general Robert Guëï fue depuesto por otro golpe militar en 2001, y en 2002 fue asesinado junto con su esposa y toda su familia. Nadie osó a reclamar el cuerpo del general asesinado, por lo cual este permaneció cuatro años en la morgue hasta que, en el 2006, por fin sus familiares se atrevieron a organizarle un funeral (al parecer en vez de ataúd usaron el cubo de hielo donde estaba). Ese mismo año, Kalou, uno de los jugadores que asistió en el 2000 al *internado de disciplina y civismo* del general Guéï, se había convertido en el máximo héroe nacional tras haber conseguido hacer el gol que le permitió a Costa de Marfil clasificar por primera vez en su historia a un mundial de futbol, el del 2006 en Alemania. Jamás sabremos si esto se debió al entrenamiento especial que le dio el general o a que a este militar ya lo habían matado y eso le dio confianza a los seleccionados para salir a jugar sin temor a represalias.

Como podemos ver, esto de ir o no ir a los mundiales es un dilema mucho más canijo que el de *ser o no ser*... Lo peor es que solo 32 países de los 209 que están en la FIFA pueden ir a un mundial de futbol. Y si de esas 32 naciones pensamos que hay al menos 10 cuya objetiva superioridad en ese deporte las hace estar siempre en una copa del mundo, pues tenemos que solo quedan 22 lugares para intentar colarse. Y si de esos 22 descontamos al país sede, que a huevo debe estar en el torneo por ser el anfitrión, nos quedan solo 21 que se van a disputar al menos ¡195 países! Solo si hacemos el cálculo matemático, la probabilidad de ir al mundial es de 21 en 195.* La misma probabilidad para que encuentres un dedo dentro de una Coca Cola o te muerda un perro mientras corres el Maratón de la Ciudad de México. Así pues, no es algo imposible, pero tampoco está tan fácil eso de ir a un mundial de futbol. Aun así, esto se impone como un deber ineludible para los seleccionados de todos los países. Por esta razón se han creado otros mundiales de futbol, con el fin de que así todos podamos por lo menos ir a uno.

---

*Cálculo aproximado con un margen de error de 74.8 %, más o menos.

LOS OTROS MUNDIALES DE FUTBOL

Los subcobos

Los sub son mundiales de futbol de la FIFA pero en categorías especiales o subcategorías. Fueron creados básicamente para poder realizar mundiales de futbol todos los años, pues la espera de cuatro años hasta la siguiente copa del mundo generaba un síndrome de abstinencia terrible entre los directivos de la Federación Internacional de Futbol Asociación. Estos campeonatos "especiales" permiten estirar el chicle del negocio de los mundiales y que algunos países que normalmente no podrían clasificar para una copa del mundo puedan hacerlo en estas subcategorías. Además, tienen la ventaja de que, por la edad de sus participantes, en algunas de sus modalidades prácticamente no van profesionales. Con ello se logra mantener cierta ilusión de pureza olímpica. Esto desde luego no se debe a que los jóvenes jugadores en estas categorías no estén ya fichados en algún club, sino a que por ser jóvenes el club no les paga, aunque los ponga a trabajar.

Existen el Campeonato Sub-17, para menores de 17 años; el Sub-22, para menores de 22 años, etc... Yo estoy pugnando porque se habrá un Sub-99, para menores de 99 años, el cual seguramente permitiría a Pelé solito ganar un mundial de futbol para Brasil en el 2018.

También he metido una solicitud a la FIFA para pedir que organice un campeonato sub-normal, donde solo puedan jugar personas de edades indefinidas e indefinibles, como Chabelo, la Duquesa de Alba, Tom Cruise, Maribel Guardia, Adal Ramones, Mick Jagger, Barney y Madonna.

(La otra versión de
"la mano de Dios" de Maradona)

Mundial de Futbol Femenino

Es común que en su discurso las feministas subrayen que en nuestra sociedad para que una mujer haga lo que hace un hombre a ellas les cuesta diez veces más trabajo y les pagan diez veces menos. Sin embargo, cuando uno ve los concursos de Miss Universo se da cuenta de que esto es completamente un mito. Jamás se ha sabido que un hombre, por más que lo quisiera, haya podido participar en un certamen como estos, y mucho menos que le hayan pagado por participar (aunque tal vez en Canadá sí pudo haber ocurrido algo así). No obstante, en donde debemos darle toda la razón a la teoría feminista es en el futbol.

El balompié femenino comenzó a practicarse en Inglaterra durante la Primera Guerra Mundial. Las obreras de las fábricas de municiones empezaron a organizar los primeros equipos y realizaron sus propios torneos con el fin de recaudar fondos para ayudar a los soldados en el frente o a sus viudas y huérfanos. Esos partidos fueron un éxito en la convocatoria de público. A partir de los fondos reunidos con los juegos de futbol de las mujeres, a finales de la Gran Guerra ya existían varios equipos femeninos y hasta había algunos que tenían ya fama y muchos aficionados, como las St. Helens Ladies o las Dick Kerr's Ladies, que continuaron realizando concurridos torneos con el propósito de recaudar dinero para obras de caridad. El 10 de diciembre de 1920 un partido de futbol entre estos dos equipos logró llevar al estadio Goodison Park de Liverpool para presenciar este encuentro a 53 000 espectadores, quienes dejaron en taquilla la fabulosa cantidad de 3 115 libras que, por supuesto, fueron utilizadas para obras benéficas como era tradición en el futbol femenino. Al año siguiente, estos equipos efectuaron una exitosa gira de juegos por Inglaterra, los cuales fueron vistos por un millón de personas y generaron más de 170 000 libras de taquilla que, una vez más, se destinaron para hacer el bien.

Como siempre, con su buen ejemplo, las mujeres ponían el mal ejemplo. Las damas futbolistas estaban atentando contra el negocio del futbol. Lógicamente, generaron de inmediato una feroz oposición por parte de las ligas masculinas. Para empezar, los partidos de las viejas estaban llenando mucho más los estadios de futbol de lo que lo hacían los equipos masculinos. En consecuencia, estaban sacando más lana que los hombres de los partidos de futbol. Pero eso no era lo más grave. Lo peor era que todo ese dinero ¡lo estaban regalando! Sí re-ga-lan-do. Y eso es algo que ningún futbolista perdona. ¿Se imaginan a Pelé dando la hora, así nada más porque alguien se lo preguntó en la calle? ¿Se pueden imaginar a Cuauhté-moc Blanco sin los millones que gana mensualmente? Yo sé que sí, pero es algo tan aberrante y perturbador como pensar en Juan Diego sin el ayate.

En una época en la cual el profesionalismo deportivo era condenado y los atletas que lo practicaban no mere-cían llevar el nombre de deportistas (el Comité Olímpico Internacional no admitió profesionales sino hasta los Jue-gos de Barcelona de 1992), el hecho de que los hombres cobraran por jugar futbol y las mujeres no era una cuestión que dejaba muy mal parado al balompié masculino. Así pues, para mediados de 1921, la Federación de Futbol de Inglaterra empezó a boicotear frontalmente el balompié de las mujeres con el fin de exterminarlo. De entrada, pro-hibió que los estadios de futbol donde jugaran los hombres recibieran equipos de mujeres, y luego que los árbitros colegiados participaran en partidos femeninos. Dicen que el nombre del GOLF es la abreviatura de *Gentlemen Only Ladies Forbidden*, pues era un deporte donde las mujeres estaban vetadas; bueno, pues el futbol lo fue también.

Para acelerar la erradicación de la competencia fe-menina, la Federación hizo además una sucia campaña mediática para desprestigiar a las futbolistas, publicando en diferentes periódicos artículos firmados por médicos donde se aseguraba que el futbol hacia un daño irrepa-rable al cuerpo de las mujeres, pues si lo practicaban quedarían estériles. Luego también soltaron rumores de que las mujeres no donaban lo recaudado en sus partidos para obras de caridad, sino que se quedaban secreta-mente con la lana. Y ya el colmo: se habló de la presencia de hombres vestidos de mujeres en los equipos femeninos para poder realizar partidos de calidad (como prueba de esto se exponía la foto de un tiro indirecto donde una de las mujeres que estaba en la barrera se cubría con manos la parte que comúnmente se cubren los hombres cuando se cobran este tipo de faltas). Pero a pesar de todo esto, las viejas no se echaron para atrás. Ante las restricciones y calumnias de las cuales fueron víctimas, continuaron jugando futbol, pero ahora en parques o estadios de *rugby* o críquet. Y en su resistencia fueron mucho más allá, pues decidieron crear a finales de 1921 su propia Asociación de Futbol para mandar a los hombres al carajo. Con esta salida, los clubes de mujeres futbolistas lograron sobrevivir en Inglaterra y así, poco a poco, su asociación fue captando a los equipos de futbol femeninos que iban surgiendo en todo el mundo. En 2008, casi 100 años después, la federación de asociaciones de futbol inglesa admitió a la asociación femenina y emitió una disculpa pública por la forma en la cual se habían comportado con sus colegas mujeres en 1921. Aunque claro, ya para entonces las mujeres futbolistas también cobraban por jugar futbol, y como dijo tan bien Voltaire: "Cuando se trata de dinero todos somos de la misma religión" (y del mismo sexo también).

La Asociación de Futbol Femenino fue teniendo cada vez más y más países integrantes, pero antes de que se llegara a convertir en una competencia la FIFA la integró formalmente y, por supuesto, les organizó su primer Mundial de Futbol. Este se llevó a cabo en la República Popular de China en 1991, y en él salieron campeonas del mundo las chicas de la selección estadounidense. Desde luego, nadie en Estados Unidos festejó que hubieran ganado un mundial, pero no fue por machismo. En ese país, aunque hubiera ganado el mundial la selección de hombres, también les habría valido madres. Sí, lo sé, es inexplicable, pero así de locos están los gringos.

Desde el Mundial de China de 1991 se han repetido estos torneos cada cuatro años. México ha calificado para ir a esa copa en dos ocasiones, en 1999 y 2011, y en ambas no ha logrado pasar de la primera ronda, con lo cual se comprueba que las futbolistas mexicanas sí son capaces de jugar igual que los hombres. En la actualidad, las campeonas del mundo son las japonesas y, curiosamente, tampoco nadie en Japón salió a las calles a festejar ni recibieron a las muchachas del equipo como ~~héroes~~ heroínas nacionales… y de hecho esto jamás le ha ocurrido a ninguna selección nacional femenina que haya ganado un mundial. Vaya usted a saber por qué.

(El gol de Troya)

Mundial de Futbol en Videojuego

Este es el mundial de futbol que mejor combina las dos grandes pasiones de los aficionados: el futbol y ver la tele. Los videojuegos han evolucionado tanto que los jugadores que salen allí ya dan también positivo en las pruebas de clembuterol. Los gráficos de estos juegos de futbol en computadora tienen ya mejores imágenes que un partido televisado con cámaras HD. Asimismo, los estadios siempre están repletos de público entusiasta pero orde-

nado y pacífico, lo cual hace imposible que se dé una batalla campal entre porras. Por lo tanto, a pesar de la precisión con la que se reproduce un partido de futbol de la vida real, no hay policías ni granaderos en el estadio porque no se necesitan. Además, el videojuego tiene la gran ventaja de que permite ver el partido sin tenerse que refinar lo que dicen los comentaristas, lo cual convierte a esta modalidad de futbol en algo muy superior al futbol real, desde un punto de vista intelectual.

De unos años a la fecha estos videojuegos, que desde su origen ya permitían la modalidad de realizarse entre dos jugadores, ofrecen la opción de jugarse entre dos contendientes de países diferentes a través de internet. Por lo tanto, en 2005 se llevó a cabo el primer Mundial de Futbol en Videojuego a través de la plataforma SpectrumGenreSportsCategoriesSoccer, usando el programa desarrollado por OperaSoft en 1990, con unos asombrosos gráficos que permiten una perspectiva en 3D. Este videojuego reproduce el Mundial de Italia de 1990 (sí, el mismo maldito mundial en donde no pudo participar México por el vergonzoso asunto de los cachirules, y por lo tanto no incluye la posibilidad de jugar con la selección mexicana; sin embargo, conozco a unos *hackers* que por una lana pueden meterla en el programa como si fuera un virus). Este formato también tiene la ventaja de que no es necesario esperar cuatro años para efectuar el siguiente mundial, pues a cada rato se organizan varios y simultáneamente.

Futbolito para jugadores individualistas

Mundial de Futbolito

El futbolito (México) o futbolín (España) o metegol (Argentina) es lo que en el resto del mundo se conoce como *futbol de mesa*. Consiste en una mesa con una caja que tiene pintada una cancha de futbol y dos equipos hechos con muñecos unidos por unos tubos que manipulan los jugadores, y que haciéndoles girar empujan una pelota para meter gol. El futbolito es un juguete increíblemente popular y se juega muy en serio, a tal punto que tiene federaciones, ligas y clubes, como el futbol de la vida real, solo que ahí sí cada jugador actúa sin personalismos porque todos en el equipo están realmente unidos… por un tubo, pero están unidos.

Paréntesis comercial

Por cierto, siempre he creído que sería un gran negocio crear un futbolito con taiboleras unidas por un tubo pateando la pelota de futbol para mezclar las dos grandes versiones de lo que podemos denominar el *juego del hombre*. Se podría llamar: *metepón* o *teibolín* o *teibolito*.

Si aparece entre los amables lectores de esta magnífica obra algún empresario que quiera invertir en esta pendejada, aquí va un prototipo.

Imagen de una muñequita del *teibolito*.

En la actualidad existe la Federación Internacional de Futbol de Mesa que, desde luego, organiza su propio mundial cada cuatro años en diferentes países y al cual asisten los seleccionados para competir por esta copa del mundo. El primer Mundial de Futbolito se realizó en Italia en 2005. Compitieron 25 países (no fue México, probablemente porque los muñecos del futbolito

también eran cachirules o dieron positivo en la prueba de clembuterol) y el campeón fue Bélgica. Por cierto, en esta modalidad de futbol sí pueden jugar hombres contra mujeres.

Mundial de Futbol Gay

En 2012 se llevó a cabo en México la segunda Copa Mundial de Futbol Gay, pues la primera se efectuó en Buenos Aires en 2008. Con solamente ocho equipos, seis de América, uno de Europa y un combinado de Asia y Australia, y sin un torneo femenil, el Campeonato Mundial de la Asociación Internacional de Futbol Lésbico Gay (IGLFA, por sus siglas en inglés) inició el 1 de junio del año 2012 en la Ciudad de México. Este es un mundial que no pertenece (aún) a la FIFA e incluyó además actividades culturales a cargo del Ballet Folclórico México de Colores (también gay). Asimismo, sus participantes pudieron disfrutar de una muestra de gastronomía mexicana (que curiosamente no era comida gay).

Este mundial de futbol no contó con el apoyo del Instituto del Deporte del DF; sin embargo, no demandaron por este hecho al titular de esta dependencia por discriminación homofóbica ante la CDH del DF. Tampoco recibió ayuda de ningún patrocinador; es más, los de la Federación Mexicana de Futbol no les dieron ni la hora. Aparentemente, los escasos recursos con los cuales se realizó este torneo ocasionaron que solo pudieran inscribirse ocho equipos para disputar la copa, siendo que en el anterior mundial de este tipo se contó con la participación de más de 80. Con ello se demuestra que es falso eso que dicen las federaciones mexicanas de otros deportes: "Todo el dinero se va siempre para el futbol". Para el futbol gay no hubo un solo centavo, a pesar de que cuando se realizó ese mundial el DF estaba gobernado por Marcelo Ebrard, un político que oficialmente anunció que la Ciudad de México era territorio *gay friendly*, como parte de su promoción de esta entidad como una "Ciudad de Vanguardia". Incluso durante su administración fue cuando se legalizó el matrimonio entre personas del mismo sexo. Pero a la hora de la verdad se vio muy claramente que una cosa es dar amor y otra dar dinero.

Pese a su bajísimo presupuesto, el Mundial de Futbol Gay 2012 contó con un himno original compuesto por Sonia Bayardo e interpretado por Fabi Méndez, y también con una enjundiosa barra de animación a cargo de porristas transexuales, que ya hubieran querido tener los Vaqueros de Dallas (sin albur). Pero a pesar de todo lo que hicieron sus organizadores para engalanar el torneo, este fue severamente cuestionado por los equipos participantes, pues afirmaron que no se le podía llamar mundial debido a los pocos equipos y países que tomaron parte. Las declaraciones de Miranda Salman, la entrenadora transexual de la Selección de Futbol Gay de la Ciudad de México, para el periódico *El Universal* el 25 de mayo 2012 fueron lapidarias, pues dijo: "El comité organizador encabezado por Andoni Bello Lanestosa nunca invitó a otros equipos como Halcones, Aztecas o Lobos, de corte similar al 'autodenomiando' Tri Gay, ni emitió una convocatoria para participar en el torneo, y esto fue lo que ocasionó la baja participación". Y reprochó además: "En otros mundiales gays se juega en campos de futbol de 'primer nivel', y no en unos de 'tercer nivel', como en los que se llevará a cabo la competición".

El Mundial Gay de 2012 en la Ciudad de México lo ganó la Selección Argentina de Futbol Gay tras vencer por una goliza de 6-0 a las Selección Uruguaya de Futbol Gay, *Uruguay Celeste*. El presidente de la Comunidad Homosexual Argentina (CHA), Cesar Cigliutti, llamó desde Buenos Aires al DT del equipo para felicitar a los seleccionados por el triunfo en este campeonato y llevar "la copa a casa". Al regresar a su país, los campeones del mundo comenzaron una campaña de prevención del VIH-SIDA auspiciada por ONUSIDA.

**Selección Argentina de Futbol Gay, campeona
del Mundial de México 2012**

Mundial de Futbol para Amputados

Desde 1990 existe un mundial de futbol para personas amputadas realizado ininterrumpidamente cada cuatro años en diversos países y que, por supuesto, se empata con el Mundial de Futbol de la FIFA. En México, el equipo Zorros de Sinaloa fue el primero en constituirse dentro de esta especialidad futbolística. De su cantera han salido la mayoría de los jugadores que representan a nuestro país en este mundial de futbol.

En la actualidad, las únicas entidades que cuentan con equipos de futbol para amputados son Sinaloa, Colima, Jalisco, Nuevo León y el Distrito Federal, todos miembros de la Asociación Nacional de Futbol para Amputados, la ANFA, que por cierto no recibe ningún apoyo de la Federación Mexicana de Futbol, ni de la CONADE, que por el trabajo que realiza debería llamarse en realidad la CONNADIE.

El más reciente Mundial de Futbol para Amputados se celebró en el 2010 en la ciudad de Crespo, en Argentina, de donde salió campeona la Selección de Uzbequistán, tras vencer 3-1 a la Selección de Argentina.

El próximo Mundial de Futbol de esta categoría se realizará en México, en Culiacán, Sinaloa, en el 2014.

Así pues, pase lo que pase, con esto tenemos asegurado que la selección nacional sí irá al Mundial del 2014, por lo menos al de Sinaloa.

Selección Mexicana de Futbol para Amputados

Siempre blanco y negro... estoy harto de ver todo en blanco y negro.

El Mundial del Futbol Rápido

Una de las objeciones más comunes al futbol es lo aburrido que es este deporte, y esto es completamente cierto. Para quien no ha sido inoculado con la pasión futbolera, un partido de futbol puede ser la peor manera de perder 90 minutos de su vida, sumados a los 15 minutos de descanso y el tiempo de compensación. Y para acabarla de fregar, todo puede acabar en un decepcionante, anticlimático y soporífero 0-0. (Sí, así como ese marcador le queda el rostro a ese tipo de personas después de ver un partido de futbol.)

Para quitarle la mala fama de letárgico a este deporte, se pensó en la misma solución que para las inyecciones: *Sí hay que hacerlo, por lo menos que sea rápido.* Con ese espíritu se inventó el futbol rápido, o *showbol*, una exitosa variable o secta o herejía del futbol tradicional que nació en los años 70 del siglo XX con la promesa de brindarle a la humanidad un futbol más expedito, por lo cual de los más destacados delanteros de esta variante se dice que padecen el síndrome del *goleador precoz*, por anotar tan rápido.

El futbol rápido es más rápido porque...

1. **La cancha es más pequeña.** Esto impide lo que a menudo sucede en el futbol estándar: solo en el 10 % de la cancha hay una batalla campal entre dos jugadores, mientras en el 90 % del área de juego los demás futbolistas se la pasan echando la hueva.

2. **La pelota nunca sale de la cancha.** En el futbol rápido no hay "fueras" debido a que el área de juego esta rodeada de paredes, con lo cual es imposible detener el partido para hacer saques de banda.

3. **Solo hay cinco jugadores por equipo.** Esto ayuda mucho a reducir el tiempo de juego, ya que es más rápido contar hasta 5 que hasta 11.

4. **Los árbitros descuentan tiempo, no lo agregan.** A diferencia del futbol tradicional, los diferentes incidentes que se dan durante el partido (faltas, objetos que entran en la chancha, broncas entre los jugadores, etc.) hacen que el árbitro, en lugar de compensar el tiempo añadiéndolo al juego, le reste minutos al partido. Es un poco como le hace la Secretaría de Hacienda, que para compensarte cuando tienes saldo a favor no te da, te quita más.

5. **Los jugadores no pueden demorarse.** Ni la falta ni el córner ni el saque de centro o de meta pueden tardar en ejecutarse más de cinco segundos. En caso de sobrepasar ese tiempo, se señalará falta desde el mismo punto.

6. **El portero no puede hacerse güey.** Tampoco es posible para el guardameta retener el balón más de cinco segundos.

7. **Todas las faltas se sacan de manera directa.** Parece que no, pero al prohibirse el tiro indirecto se ahorran varios segundos.

8. **Los partidos duran menos.** Son 60 minutos de tiempo efectivo de juego, con un intermedio de 15 minutos. Esta es la razón más importante y decisiva por la cual el futbol rápido es más veloz que el futbol tradicional, con una diferencia de por lo menos 30 minutos.

Por supuesto este deporte tiene su propia federación internacional y desde luego existe el Mundial de Futbol Rápido. El primer campeonato de este cisma del futbol tradicional se realizó en México, del 13 al 23 de noviembre de 1997, en la capital de la República, bajo el lema: "Nada rueda más veloz en el mundo... que un balón de futbol rápido" (seguramente porque el de "Rápido y furioso" ya lo había registrado Hollywood para sus películas). Contó con la participación de solo doce selecciones nacionales, pero a diferencia del Mundial del Futbol Gay, nadie se quejó por la escasa cantidad de equipos porque aquí, como eran menos, todo iba a ser mucho más rápido.

Participaron:

Grupo A:	**Grupo B:**
México	Brasil
El Salvador	Estados Unidos
Uruguay	Argentina
Francia	Italia
Sudáfrica	Portugal
Irán	Canadá

Este mundial se jugó en el Gimnasio Juan de la Barrera. ¿Y qué creen? ¡GANÓ MÉXICO!, ¡GANÓ MÉXICOOOOOOOOO! Además, le ganó al favorito de esta categoría: la Selección de Estados Unidos, en un partido cardiaco y comprometidísimo que terminó dándole el triunfo a la Selección Mexicana, tras una goliza que dejó el marcador final con un apretado 6-5 a favor de la escuadra de México.

Así es: el 23 de noviembre de 1997, por primera vez en la historia, México ganaba un mundial de futbol,* pero nadie salió a festejar a la Columna de la Independencia. No hubo ninguna orgía de mexicanos en las calles para celebrar la victoria. Tampoco se vieron caras pintadas con los colores patrios, agitando banderas y llorando conmovidos. Ninguna modelo de la tele anunció que se quitaría el sostén y posaría así como acto cívico y muestra de gratitud hacia el equipo. Ni hubo multitudes enloquecidas de dicha en las plazas principales de todo el país gritando: "¡Sí se pudo, sí se pudo, sí se pudo…!". No se grabó ningún capítulo de *La rosa de Guadalupe* con este tema. Vamos, ni siquiera fue excusa para iniciar una buena borrachera, en un país donde el enterarse de que la papa es un tubérculo es un buen pretexto para ponerse una guarapeta de esas que dejan ciego. De hecho, aunque sea imposible de creer, la noticia de que México había ganado un mundial de futbol a todo el país le valió madres…, tal vez porque esta victoria había llegado demasiado rápido.

---

* Hasta el 2011 México ganó el Mundial de Futbol Sub-17

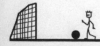

El Mundial Militar

Existe un campeonato de futbol que se realiza entre los ejércitos del mundo. Se llama *World Military Cup*. Lo organiza el Consejo Internacional de Deporte Militar. Este torneo empezó justo después de la Segunda Guerra Mundial, en 1946, teniendo como sus principales participantes a los países miembros de la OTAN, que por tener muchas unidades militares haciendo constantes maniobras conjuntas se pensó que realizar campeonatos entre soldados de diferentes países podría reforzar la moral de la tropa. Con el tiempo estos mundiales se popularizaron tanto que, a mediados de los años 60, llegaron a contar con la participación de ejércitos de diferentes partes del

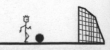

mundo, e incluso de ejércitos de países como la entonces Checoslovaquia, pertenecientes al Pacto de Varsovia, el rival militar de la OTAN.

El primer campeón del Mundial Militar fue Inglaterra, en 1946. Pero se han dado casos de ganadores insólitos, como en 2003, cuando la copa la obtuvo Corea del Norte, oficialmente en guerra contra Corea del Sur desde 1950, y a la selección militar de aquella nación le tocó eliminar a la de esta última durante ese campeonato. El bien amado camarada líder Ki Min Sun debió asomarse ese día por encima del muro que divide a los dos países para gritarle al presidente de Corea del Sur: "¡En tu cara… ¿eh?, en tu cara…!". Afortunadamente este mundial, la verdad, deja a todos siempre tan indiferentes que su resultado no desencadenó una nueva guerra entre esas dos naciones.

El Mundial Militar también lo han ganado selecciones de países que nos parecería imposible asociarlas con el triunfo en una copa de futbol. Por ejemplo, han obtenido la copa Kuwait dos veces, Irak tres y en el más reciente Mundial Militar, celebrado en Brasil en 2011, la ganó la selección del ejército de Argelia. Por eso opino que es inconcebible que México no participe en ese mundial de futbol. ¿Qué está esperando la Sedena, o ya de jodida el Ejército Zapatista de Liberación Nacional, para inscribirse en dicho mundial? A lo mejor allí esta nuestra gran oportunidad de ganar una copa del mundo.

Por cierto, a pesar de que Brasil participa en los mundiales militares desde 1946, jamás ha ganado uno de ellos. Y es que en ese país, si sabes jugar futbol, de pendejo te metes de soldado.

La copa militar se celebró cada año desde 1946, pero a partir de 1995 se realiza cada dos años. Debe ser por tanto desertor, digo yo.

De todos los ejércitos participantes en el Mundial Militar, el español fue el que se tomó más en serio. Ya se sabe: cuando se trata de futbol, los españoles se ponen filosóficos y hasta científicos. Y la verdad tenían buenas razones para hacerlo, pues durante la dictadura franquista, e incluso varios años después, las durísimas leyes del servicio militar vigentes en ese país obligaban a que todos los hombres cursaran durante tres años la instrucción castrense acuartelados a partir de los 18 años, y ya sin prórroga de ningún tipo a partir de los 27. Esto hacía que muchísimos de los futbolistas profesionales en edad o trámite de hacer "la puta mili" (como se le conoce familiarmente al servicio militar en España) fueran soldados. Por ello, los oficiales a cargo de la selección militar española de futbol se dieron cuenta de que podían alinear en su equipo prácticamente a todos los mejores futbolistas profesionales de la liga nacional, con lo que objetivamente podía decirse que si no se agilipollaban los españoles tenían ese campeonato en la mano.

Así se prepararon para ir al Mundial Militar de 1965, que para mayor INRI, como diría mi abuelita, se celebraría en Madrid, España. Por tanto, su selección estaba forzada a desempeñar un papel destacadísimo. Para los futbolistas sujetos a la mili jugar este torneo resultó una bendición, pues les permitió mantener su carrera como deportistas, ya que conseguían fácilmente permisos en el cuartel para ir a jugar partidos con sus respectivos equipos. La verdad, solo se les pedía que fueran de vez en cuando a hablar de futbol con el mando y firmaran algún autógrafo para los sobrinos del sargento. Ah, pero eso sí, debían jugar ese mundial por la patria.

El general Sagardoy, jefe supremo del operativo, anunció una selección para el Mundial Militar del 65 integrada por puros consagrados del futbol español, incluso uno, Fusté, del Barcelona, había sido campeón en la Eurocopa el año anterior. Con ese *dream team* España jugó el Mundial Militar de 1965. Por supuesto, el equipo ibérico iba ganando de manera abrumadora e imparable todos los partidos. Pero, ironías de la vida, en la final del campeonato entre ejércitos, a España le tocó disputar la copa con el único país que le representaba oficialmente una amenaza militar: Marruecos, lo cual añadía una especial tensión política al último juego (lo de la guerra con el Reino Unido por Gibraltar son jaladas que dicen los políticos españoles cuando ya no saben con qué hacer que sus gobernados dejen de mentarles la madre; sin embargo, un conflicto bélico con Marruecos por Ceuta y Melilla es algo que puede pasar en cualquier momento).

El partido de la final se televisó para España y Marruecos, y la selección española terminó venciendo 3-0. ¡España al fin ganaba su primer mundial de futbol!, militar, sí, pero mundial de futbol. El generalísimo Francisco Franco estaba que levitaba. Había conseguido el triunfo en sus dos más grandes pasiones: el ejército español y el futbol. De seguro ese día hizo un saque de banda con la reliquia del brazo incorrupto de Santa Teresa de Ávila que tenía en su recámara. Aquello era el colmo de la felicidad. ¿Podía pedir algo más a la vida en ese momento? Sí, tal vez fusilar españoles republicanos, pero para esas fechas ya no quedaban en España.

Al final del partido, la agencia oficial Alfil informó que los jugadores de ambos equipos terminaban el encuentro abrazándose fraternalmente e intercambiando camisetas, mientras el público los ovacionaba. Aunque no dudamos de la versión oficial, lo cierto es que el equipo militar marroquí, como muchos otros equipos de esa copa, se quejó de que España hubiera alineado jugadores profesionales en su equipo. Esto obligó a que en el futuro se cancelara esta estrategia. Desde entonces España no ha vuelto a ganar ninguna otra copa en el Mundial Militar. Este fue el caso de los "cachirules" españoles.

El Mundial de Futbol Alternativo

La Copa Mundial de la FIFA y los Juegos Olímpicos son los sucesos deportivos más importantes del mundo. Hay un debate totalmente pendejo y ocioso (como todos los debates de futbol) para precisar cuál de estas dos competencias es la más trascendente para la humidad. Mientras los Juegos Olímpicos tienen inauguraciones y clausuras espectaculares, los mundiales sí llenan TODOS los estadios para más de 50 000 personas durante 40 días. La televisión, que actualmente es la medida más aceptada de popularidad en el mundo, registra una audiencia muy similar entre ambos encuentros deportivos, por lo que está muy parejo el posicionamiento de ambas competencias en el gusto popular. Si bien es cierto que los de la FIFA presumen que, a diferencia del Comité Olímpico Internacional, ellos sí pueden hacer un mundial usando solo la infraestructura de su organización (así de poderoso o básico, según se vea, es el futbol), el COI presume que solo donde pueden celebrarse Juegos Olímpicos es un lugar digno de llamarse ciudad. Los partidarios del olimpismo reprochan que los mundiales

de futbol son solamente vulgares negocios, mientras los partidarios de estos critican a los Juegos Olímpicos por ser solamente elegantes negocios, y a esto le añaden que la gran mayoría de los deportes olímpicos producen una indiferencia infinita (con excepción del futbol olímpico y el voleibol de playa, pero este último más que un deporte está clasificado como *soft porno*). Los fans del olimpismo destacan que a estos juegos SÍ van todos los países del mundo y recriminan a la FIFA que a sus mundiales solo van unos 25 países. Por su parte, los mundialistas replican ante esto que el futbol SÍ se practica en todo el mundo, no como el polo o el nado sincronizado o el salto con garrocha o la regata olímpica o el veleo…

Una de las mejores evidencias de que la Copa de Futbol de la FIFA es más importante que los Juegos Olímpicos es que la venta de televisores, cuando hay mundial de futbol, se eleva de manera exponencial en cada país donde su equipo irá al torneo, lo cual jamás ha ocurrido con los Juegos. Sin embargo, como por las características de la Copa del Mundo este fenómeno solo ocurre en unos 26 países, esto aún no se considera una prueba contundente.

Durante años se pensó que no era posible saber cuál de estas dos competencias deportivas es la que de verdad le importa a la humanidad, hasta que apareció la demostración absoluta e incontrovertible de que el Mundial de Futbol es el evento deportivo más trascendente del mundo. ¿Cuál es esa prueba?

La VIVA World Cup

Este mundial de futbol es un torneo organizado para minorías étnicas, nacionalidades aplastadas por otros países, las naciones que jamás lograrán calificar para ir a un mundial de futbol de la FIFA y en general para todas aquellas personas que sienten que no encajan en este mundo (sin albur).

Esta copa mundial fue creada por la NF-Board (Non FIFA Board), organización surgida en 2003 con el fin de realizar partidos de futbol con equipos que no pueden estar en la FIFA, debido a que esta asociación no los reconoce, pues los individuos que conforman esos equipos pertenecen a grupos en pugna con las naciones donde oficialmente la FIFA tiene federaciones de futbol. Junto con la UNPO (The Unrepresented Nations and Peoples Organization –Organización de Naciones y Pueblos no Representados–), la NF-Board organizó la VIVA World Cup. Este mundial de futbol se jugó en Chipre del Norte, la parte turca de Chipre, en noviembre de 2006 para disputar la Copa Nelson Mandela. Participaron las selecciones del Tíbet, Sahara Occidental, Somalandia, Islas Chagos, Kurdistán, el Principado de Mónaco, Chipre del Norte, Laponia, Gibraltar, Jersey, Isla de Man, Guernsey, Seborga, Occitania, Saxony, Sealanda y Seaugeais, así como la isla de Nam, las islas Malvinas (con su denominación inglesa de Fakland Islands), Chechenia, el País Vasco (con su denominación en eusquera), las islas Molucas, Papúa Oriental, Camerún del Sur, el pueblo Arameo, Provenza, Groenlandia, Zanzíbar y Kiribati... Como algo inusitado, en este mundial no participó Yucatán ni la República Popular de Iztapalapa del Norte, que sigue siendo gobernada por Juanito.

En el Mundial 2006 el campeón fue Laponia, que le ganó al Principado de Mónaco por una goliza de 21-0 (por eso Mónaco, a pesar de ser un país perteneciente a la FIFA, tiene que ir a esos mundiales; aunque hay que decirlo, con todo y todo, Mónaco quedó de subcampeón).

En el más reciente mundial VIVA World Cup, celebrado en 2012, el campeón del mundo fue Kurdistán.

Lista de países y regiones participantes en la NF-Board

(ABK) Abkhazia, (ACO) Azores, (ADU) Andalucía, (AGN) Aragón, (ALA) Aland, (ALD) Alderney, (APA) Apatrids, (ARA) Arameos, (AST) Asturias, (ATA) Antártica, (ATF) F.A.A.T., (BAL) Baléares, (BHM) Bornholm, (BGV) Bougainville, (BON) Bonaire, (BSX) South Lower Saxony, (BVT) Bouvet, (BZH) Bretaña, (CAO) Curaçao, (CAS) Canarias, (CAT) Catalunya, (CCK) Cocos (Keeling), (CEU) Ceuta, (CNM), Camerún del Sur, (CNW) Cornwall, (CNY) Chechnya, (COM) Comoros, (CTB) Cantabria, (CTL) Castilla, (CVI) Caprivi Strip, (COR) Córcega, (CXR) Christmas, (DNS) Transnistria, (EDW) Prince Edward Island, (EIS) Islas Occidentales (Hébridas del Oeste), (EKD) País Vasco (Euskadi), (ESH) Sahara Occidental, (FLK) Falkland (Islas Malvinas), (FSM) Estados Federados de Micronesia, (FYA) Froya, (GAL) Galicia, (GGZ) Gagauzia, (GIB) Gibraltar, (GLP) Guadalupe, (GOT) Gotland, (GRL) Groenlandia, (GUE) Guernsey, (GUF) Guayana francesa, (GXZ) Guangzi Zhuang, (HAW) Hawaii, (HIT) Hitra, (HMD) Heard & Mc Donald, (HTT) Hutt River, (IMA) Isla de Man, (IMG) Mongolia Interior, (IOT) Chagos, (B.I.O.T.) (JER) Jersey, (JFE) Juan Fernández, (KIR) Kiribati, (KRI) Crimea, (KSH) Jammu & Kashmir (Cachemira), (KSV) Kosovo, (KUR) Kurdistán , (LHW) Lord Howe, (MAD) Madeira, (MAS) Maasai, (MCO) Mónaco, (MEL) Melilla, (MHL) Islas Marshall, (MLQ) Molucas del Sur, (MNP) Marianas del Norte, (MTG) Montenegro, (MTQ) Martinica (MYT) Mayotte, (NAV) Navarra, (NEV) Nevis, (NFK) Norfolk, (NIU) Niue, (NRU) Nauru, (OCC) Occitania, (OLA) Oland, (ORK) Orcadas, (PAD) Padania, (PAR) Islas Paracell, (PCN) Pitcairn, (PLW) Palau, (PUN) Puntland, (QUE) Quebec, (RDG) Rodrigues, (REU) Reunion, (RMS) Romaland, (ROD) Rhodes, (RPN) Isla de Pascua, (SAP) Laponia (Sapmi), (SAR) Sardinia, (SBG) Seborga, (SBR) Serbios de Bosnia, (SBY) Saint Barthelemy, (SEA) Sealand, (SGE) Saugeais, (SEQ) Sark, (SGS) Georgias del Sur, (SHE) Shetland, (SHN) Santa Helena, (SIK) Sikkim, (SLY) Islas Sicilia, (SVA) Svalbard, (SMA) Sint Maarten, (SMD) Somaliland, (SPM) Saint Pierre & Miquelon, (SRM) Saaremaa, (STM) Saint Martin, (TAS) Tasmania, (TDC) Tristan da Cunha, (TIB) Tíbet, (TKL) Tokelau, (TKT) Turkestán Oriental, (TMP) Timor Oriental, (TNC) Chipre del Norte, (TOB) Tobago, (TUV) Tuvalu, (UMI) Wake Island, (VAC) Comunidad Valenciana, (VAT) Vaticano, (WGT) Isle of Wight, (WPA), Papúa Occidental, (WLF) Wallis & Futuna, (YYM) Anglesey, (ZAN) Zanzibar.

… y muy pronto yo me sumaré a esta lista, pues pienso declararme como país independiente el próximo año, ya que según mi contadora es la única forma de que no me afecte tanto la reforma fiscal.

Con esto comprobamos que cuando los pueblos del mundo se organizan para que se les reconozca internacionalmente lo hacen con el futbol, no con los Juegos Olímpicos, porque eso es lo que de verdad nos importa. Lamentablemente esta demostración contundente de que los mundiales de futbol son más importantes que los Juegos Olímpicos jamás podrá ser admitida por la FIFA, pues eso sería reconocer a la NF-Board, que es su competencia.

El Antimundial

En el 2006 se realizó paralelamente al Mundial de Alemania otro mundial organizado con los peores equipos de la FIFA. La final fue a cargo de la caribeña isla de Monserrat y el Reino de Bután (un país asiático en medio del Himalaya), dos países miembros de la FIFA catalogados en el *ranking* de esta asociación como los peores equipos de futbol del mundo. Esa fue la manera que encontraron de colarse en un mundial. La copa la ganó Bután en un partido reconocido oficialmente por la FIFA. Debemos estar muy pendientes de este tipo de torneos, pues como están las cosas ahí tal vez la Selección Mexicana de Futbol pueda ganar un mundial oficial de la FIFA.

Mundial de Futbol de *Homeless* o Mundial de los Niños de la Calle

En el 2003 se les ocurrió realizar el primer Mundial de Niños de la Calle. Aclaro, no de niños que juegan futbol en la calle, lo cual es común y cuando yo fui niño era algo típico en la Ciudad de México, pero hoy es imposible porque la gente ya juega futbol en la calle con todo y coche, y porque si haces un espacio para poner la portería, de inmediato llega algún cabrón y se estaciona. El caso es que, desde ese año, el Homeless World Cup se celebra anualmente. En esta competencia se busca que los niños de la calle dejen la copa de licor por la copa de futbol. Según sus promotores, el balompié es una poderosa motivación para que la gente en situación de calle deje sus adicciones. Aunque claro, tal vez esto se deba solo a que el futbol es una adicción aún mayor, pero como está entre las drogas legales pues no hay bronca. En 2010 este mundial se efectuó en nuestro país, en el Zócalo de la Ciudad de México (¿en qué otro lugar podía hacerse?). El torneo del 2012 lo ganó Chile, pero México obtuvo el honroso lugar de subcampeón. Desde luego en este mundial, en el cual la mayoría de los participantes son adictos, las pruebas de dopaje no tienen ninguna consecuencia para los jugadores.

El equipo del *sit all stars*
Los mejores jugadores de la banca del mundo.

Mundial de Futbol de Playa

Contrario a la tradición y ortodoxia de la FIFA, que por dogma siempre ha rechazado sistemáticamente cualquier variedad de futbol que se salga de las canchas reglamentarias, esta organización sí realiza la Copa Mundial de Futbol de Playa FIFA (*FIFA Beach Soccer World Championships*), como dijeran los clásicos, aunque usted no lo crea. ¿Cuál es la razón para que le FIFA dé su aval a esta herejía tropical del futbol? Por supuesto, el amor a lo único que de verdad es capaz de unir a todos los hombres y países de la Tierra: el ~~dinero~~ futbol. Este mundial se realizó por primera vez en Río de Janeiro, Brasil, en 1995 y se lleva a cabo cada dos años. Al parecer, en lugar de balón pueden usarse cocos, y en los sitios donde se juega los espectadores sí pueden hacer "la ola" de manera literal.

Futbol para lugares afectados por inundaciones

El Mundial de Futbol de Robots

La Copa Mundial de Futbol con robots se viene realizando anualmente desde 1996. En el torneo de 2012, efectuado en la ciudad de Bristol, Gran Bretaña, ¡ganó México! Los robots mexicanos terminaron el torneo anotando 12 goles y sin recibir uno solo, o sea IN-VIC-TOS. Así lo informó el Centro de Investigaciones y Estudios Avanzados (Cinvestav), del Poli. Naturalmente no hubo nadie que saliera a festejar dando vueltas a la Columna de la Independencia, ni un solo mexicano que sintiera un poco de entusiasmo por esta noticia. Bueno, quienes hacen robótica tal vez sí se entusiasmaron, pero ellos a eso le llaman "fase 5 de programación apoteósica". Sin embargo, este fue un triunfo ejemplar de los robots mexicanos. De las 26 selecciones robóticas de los países clasificados para ir al mundial de la Federación Interna-

cional de la Asociación de Robot-futbol (FIRA, por sus siglas en inglés), la mexicana fue la primera que, además de ganar el campeonato, jamás recibió un solo gol. Esto es la primera vez que ocurre desde que se llevan a cabo estos mundiales de futbol con robots. Estos autómatas pueden caminar, correr, pegarle o detener la pelota, enviarse pases entre ellos, levantarse en caso de caer y ubicarse en el terreno de juego. (Lo mismo que cualquier futbolistas, pero sin sudar.)

Las reglas de juego en este certamen son similares a las de la FIFA. Los partidos se juegan en una cancha verde de cuatro metros de ancho por seis de largo y se utilizan pelotas de tenis amarillas. La próxima meta del equipo mexicano será participar en los torneos del año siguiente: Robocup, en Holanda, y FIRA-TAROS, en Malasia.

El Cinvestav desarrolla actualmente una nueva generación de robots humanoides para estas competencias con tecnología 100 % mexicana. Estos autómatas tienen más de 20 articulaciones y emplean dos computadoras que les permiten percibir, seleccionar y controlar sus desplazamientos, por lo que no está lejos el momento en que por fin podamos reemplazar a nuestros jugadores de futbol por robots hechos en el Poli. Total, si ya hemos probado sin éxito nacionalizar argentinos para reforzar a la selección, no veo por qué algún DT no vaya a poder convocar mejor a un robot al cual solo van a tener que nacionalizarle algunas cuantas partes hechas en China.

El origen del futbol en México

La cuna del futbol en México es Real del Monte, un pueblo minero del estado de Hidalgo, donde se instalaron mineros ingleses a principios del siglo XIX o equis palito equis, según se lea.

Real del Monte

Vengan, acaba de encontrar un gol.

Estos ingleses aportaron el paste, platillo mestizo inspirado en el *meet pie* y que es una empanada con una protuberancia desechable, para poder comerla en la mina con las manos sucias. Y aportaron también el futbol, deporte con el que se entretenían los mineros... (por eso en el fut se hacen túneles).

El primer juego de futbol en México se realizó en el patio de la mina de Dolores, en Real del Monte, en 1824. Y la primera palabra en inglés que se enseñó en México fue *GOL*. Pachuca, la Bella Airosa, fue la primera ciudad que tuvo un equipo profesional, y en 1900 germinó el equipo más antiguo del país llamado Pachuca Athletic Club.

Ya acabé la portería.

QUÉ HACER EN CASO DE QUE PIERDA LA SELECCIÓN NACIONAL

El futbol es un deporte apropiado para muchachas toscas, pero apenas es un deporte convincente para muchachos delicados.
Oscar Wilde, escritor irlandés y dandi

Jugamos como nunca pero perdimos como siempre.
Alfredo Di Stéfano, LA SAETA RUBIA, exfutbolista y ex entrenador hispano-argentino, considerado uno de lo cinco mejores del mundo por la FIFA. En 1963 fue secuestrado en Colombia durante dos días por las FARC para obligarlo a jugar un partido de futbol en el equipo de un comandante de esta guerrilla. La frase la dijo cuando dirigía al Rayo Vallecano.

¿Qué hacer en estos casos?
(Propuesta para el manual de protocolos de seguridad nacional del Cenapred)

Afrontémoslo las derrotas de la Selección Nacional de Futbol se convierten en terribles traumas colectivos. La santa indignación popular que no logra estallar en el pueblo ni con el aumento de impuestos o el tenaz trabajo de agitadores entrenados en Cuba, es catalizada por una eliminatoria en la primera ronda de un mundial con los tres partidos de clasificación perdidos. La gente sale a las calles con antorchas y armada con machetes, piedras y gargajos a linchar a los jugadores y su entrenador. Se convierte en una turba enfurecida capaz de destruir mucho más que un terremoto, tsunami o movilización de la CNTE. Esto es mucho más desconcertante al constatar que cuando pierden las selecciones mexicanas de esgrima, taekwondo, boliche, bádminton o levantamiento de cejas, a todo el mundo nos vale madres (por cierto, también nos vale madres cuando ganan).

¿Por qué el futbol es el único deporte que logra despertar en nosotros este torrente de pasión? Razones hay muchas. Yo, creo que se debe a que los mexicanos somos masoquistas. Nos entusiasma siempre todo aquello en lo cual sabemos que vamos a perder, para poder sufrir a gusto. En todo caso, no es de mi interés averiguar las oscuras motivaciones que nos hacen depositar nuestra achacosa estabilidad emocional en el futbol, sino tratar de prepararnos psicológicamente para aceptar digna y deportivamente la derrota, como a Jules Rimet, el inventor de la FIFA, le hubiera gustado. Esta parte es un breve tratado de tanatología futbolística que nos ayudará a enfrentar y superar la depresión postmundial que padecemos cada cuatro años.

El Centro Nacional de Prevención de Desastres (Cenapred), institución que realmente administra a la Selección Nacional de Futbol (lo de la Federación Mexicana de Futbol es pura pantalla), tiene varios manuales de operación y protocolos de seguridad para salvar al país ante las más diversas calamidades: desde un terremoto, la erupción del Popocatépetl o una inundación, hasta que la Virgen de Guadalupe se vaya a vivir a Estados Unidos. Sin embargo, no tiene preparado ningún plan en caso de que pierda la Selección Nacional, desastre que además de ser recurrente en nuestro país, como los huracanes o los sismos, es el único que sí podemos prevenir con absoluta certeza, pues a diferencia de todos las demás, podemos saber con total precisión el día y hasta la hora en que va a ocurrir la catástrofe, por más que los cronistas de partidos de futbol nos quieran hacer creer otra cosa.

La derrota o victoria de un equipo no debería ser un problema. Empero, la forma en que nos tomamos los resultados de la Selección Mexicana de Futbol genera actos que ponen en peligro la seguridad nacional, y esto no va a cambiar en las próximas 100 generaciones. Es más, la tendencia es que todas estas expresiones de absoluta barbarie que nos salen cada que pierde la Selección Nacional vayan en aumento con el paso se los años, poniendo en riesgo al país y a sus habitantes (sobre todo ahora que ya no va a ser negocio pertenecer a la CNTE y solo queda la SMF para poder incendiar al país). El fatal resultado de un partido de la Selección puede generar motines, suicidios colectivos o el desencadenamiento de diabetes, cáncer o calvicie en millones de mexicanos por el coraje, o mucho peor, que a la gente ya no le interese más el futbol, y en consecuencia, Cuauhtémoc Blanco se convierta en nuestro cuñado, ya sin el único atributo que lo haría más o menos presentable en la familia: lo que le pagan por lo que hace. Es por eso que con el fin de ganarme el Premio Nacional de Protección Civil, al cual convoca todos los años el Cenapred, he decidido enviar esta serie de procedimientos para evitar un desastre natural, y también solicitar a la autoridad una nueva reclasificación de sus parámetros para que se considere ya a la Selección Mexicana de Futbol como un desastre natural en sí misma.

Sé que mi propuesta puede parecer a primera vista como una jalada delirante totalmente fuera de lugar, pero también lo es cuando nos dicen que en este mundial la Selección Mexicana sí va a ganar la copa del mundo y nadie se queja. Además, cumple cabalmente con los requisitos de la convocatoria de la dependencia de la Secretaría de Gobernación, como puede verse a continuación.

Bases del Premio Nacional de Protección Civil

Primera. El Premio Nacional de Protección Civil será conferido y entregado a aquellas personas o grupos que representen un ejemplo para la comunidad por su esfuerzo en acciones **o medidas de autoprotección y autopreparación** para enfrentar los fenómenos naturales **o de origen humano** que pongan a la población en situación de riesgo o de peligro, así como cuando se signifiquen por su labor ejemplar en la ayuda a la población ante la eventualidad de un desastre.

Segunda. En los términos del artículo 103 de la Ley de Premios, Estímulos y Recompensas Civiles, los dos campos de este Premio en los que se puede participar individual o colectivamente, son los siguientes:

I. **La prevención, por las medidas que se consideren de relevancia en materia de cultura de la protección civil**, y

II. La ayuda, por las acciones que se hayan llevado a cabo en las tareas de auxilio a la población en caso de desastre.

(El resalte en ~~negritas~~, digo, caracteres *afrotipográficos*, es mío).

Por otro lado, no está de más resaltar que el Premio Nacional de Protección Civil es de $200 000.00 y debo hacer algo para prevenir el desastre de que nadie compre este libro.

Medidas de contención de la indignación popular

Advertencia

Lo que viene a continuación es absolutamente verídico y espero que nadie lo tome como propaganda anticomunista. Nada más alejado de mi intención. Todo lo contrario, y más aún, yo soy un entusiasta de la aplicación de todas esas medidas prácticas y exitosas de los países totalitarios, sobre todo de esta.

La terapia de grupo norcoreana

Una de las formas de evitar la terrible frustración nacional provocada por la derrota de la Selección Mexicana de Futbol puede ser la utilizada por el gobierno de Corea del Norte. Consiste en convocar a la gente al estadio nacional a abuchear e insultar a placer a todo el equipo y en especial al director técnico de la Selección. ¡Oh sí!... es el anhelo secreto de todos los mexicanos después de que termina una copa del mundo.

El 29 de julio de 2010 trascendió mundialmente la noticia de que Kim Jong-il, líder de Corea del Norte (qepd), tras la bochornosa eliminación de su seleccionado en la primera ronda en el Mundial de Sudáfrica en el 2010, sin haber logrado hacer un solo punto y luego de anotar únicamente un gol, organizó un castigo ejemplar para su equipo (la verdad, la Selección Mexicana ha hecho cosas así impunemente).

La presentación más decorosa de los asiáticos fue en su debut ante Brasil, pese a que perdieron 2-1. La humillación se registró después ante Portugal, que sin piedad les propinó un 7-0, generando la mayor goliza registrada hasta ese momento en un mundial. Tras ese partido, el famoso delantero portugués Rolando, declaró:

"Pude haberles metido más goles, pero ya no quise...". Su partido de despedida fue con Costa de Marfil y resultaron derrotados 3-0. Y para acabarla de chingar, los de Corea del Sur, sus enemigos jurados desde 1950, sí habían clasificado para la segunda ronda.

A su regreso, el gobierno metió al equipo de Corea del Norte en el Palacio de la Cultura Popular de Pyongyang, la capital del país, para que durante seis horas y en posición de firmes, el pueblo pudiera insultar, escupir y chiflarle a todos los integrantes de la selección, incluyendo masajistas, aguadores y el traductor de coreano-inglés que llevaron al Mundial a Ciudad del Cabo. Solo se salvaron de recibir este escarmiento dos jugadores: el delantero del equipo Jong Tae-se, porque durante la ceremonia del primer partido se le vio llorar conmovido cuando se tocaba el himno nacional y esto le dio atenuantes ante el régimen, y el delantero Ang Yong-hak, quien jugaba en un equipo de Japón y se fue directamente a ese país después del mundial.

Es importante destacar que el Palacio de la Cultura Popular de Pyongyang cuyo aforo es para más de cinco mil personas. Así pues, con esto el gobierno de Corea de Norte logró también la terapia de manejo de ira más grande del mundo. Sin embargo, no consiguió romper el record mundial del grupo al cual por más tiempo le han mentado la madre miles y miles de personas. Esa marca la continúa teniendo El Peje y sus seguidores, quienes durante tres meses bloquearon el Paseo de la Reforma.

Luego del abucheo nacional y de obligar a los jugadores y al DT a ofrecer disculpas públicamente por su mediocre resultado, el técnico, Kim Jeong Hoon, fue condenado a trabajos forzados, como parte de su reeducación política, para así alcanzar una mentalidad

triunfadora y comprometida con el pueblo y no volver a defraudar la confianza del bien amado camarada líder, de acuerdo con la información de *Radio Free Asia*.

Aunque todos los pronósticos daban por eliminada a la selección de Corea del Norte en el Mundial de 2010, los líderes comunistas pretendían que esa representación nacional llegara como mínimo a los cuartos de final, tal como sucedió en Inglaterra 1966, la anterior participación norcoreana en una copa del mundo, en donde por cierto, este conjunto también recibió un castigo ejemplar por parte del régimen.

El mundial de Inglaterra de 1966 fue la primera vez en que Corea del Norte fue a una copa del mundo. El equipo fue eliminado por la selección de Portugal, (sí, otra vez Portugal). En esa ocasión, comenzaron ganando el partido con una cómoda ventaja de 3-0 y terminaron perdiendo 5-3. Como dicen los clásicos: "Así es el futbol", pero en el caso de los partidos entre Corea del Norte y Portugal se podría decir: "Así es de ojete el futbol." La decepción en Pyongyang fue aún mayor que si hubieran ido perdiendo desde el principio hasta el final. Por lo menos, así se veía constancia en el equipo. Aunque en honor a la verdad ni los más optimistas funcionarios del régimen *Juche* creían que su selección pasaría de la primera ronda. Tanto es así que cuando clasificó para octavos de final, el equipo debió ser hospedado gratuitamente en las instalaciones de una orden religiosa inglesa, a fin de poder seguir participando en el mundial, pues no se había presupuestado más dinero para este conjunto debido a que nadie pensó que pudieran llegar más lejos.

Tras el regreso a su país, los jugadores de esa selección norcoreana fueron condenados por Kim il-Sung, (padre de Kim Jong-il, dirigente de Corea del Norte durante el Mundial del 2010, y abuelo de Kim Jong-un, actual dirigente de esa nación) a pasar varios años en la prisión de Yoduk. Aparte, el director técnico del equipo recibió un escarmiento público. Esto fue revelado muchos años después por uno de los sobrevivientes de ese seleccionado, Pak Seung Jin. Estas purgas comunistas acabaron con el futbol de Corea del Norte, pues los jugadores importantes de ese momento terminaron en el bote y quienes podían llegar a serlo decidieron inteligentemente cambiar de vocación.

Sin embargo, 44 años después, estos tenaces asiáticos volvieron a tener sueños mundialistas. Hicieron toda clase de especulaciones pedorras, cálculos infundados y puñetas mentales. Se embriagaron de esperanzas, tal como hacemos nosotros en México cada que se celebra un mundial. Cabe subrayar que para el Mundial de 2010 los norcoreanos estaban particularmente picados, pues el de 2002 había sido en Corea del Sur y Japón, los dos enemigos mortales del régimen de Pyongyang. Estos países les habían restregado en la cara a "los rojos" que la verdadera alegría de las masas populares no era gritar "¡Larga vida al bien amado líder!" sino: "¡Gooool!", y ellos estaban completamente fuera de la posibilidad desde 1966. Así pues, dentro de la lógica de la guerra fría se dieron a la tarea histórica de ponerse al mismo nivel que sus adversarios. Por eso Kim Jong-il se lanzó a la *batalla popular por la clasificación a una copa del mundo*, a fin de vencer en la cancha a Corea del Sur.

CONCLUSIONES

De todo lo anterior, podemos sacar varias interesantes conclusiones, que no por el hecho de ser contradictorias son menos provechosas:

Ante todo debemos consignar el hecho de que aunque en su primer mundial, el de 1966, al equipo de Corea del Norte le fue mejor en resultados que en el de 2010, la selección de 1966 fue castigada con mayor severidad, tras quedar eliminada en cuartos de final, que la de 2010, eliminada en la primera ronda, sin ganar un solo partido. ¿Qué podemos concluir de estos hechos?

1. Que Kim il-Sung era mucho más cabrón que su hijo Kim Jong-il.

2. O que con el paso de los años el régimen de Corea del Norte se ha hecho sensible a la tendencia global de los derechos humanos.

3. O que es mucho peor perder cuando parece que se va a ganar, que perder cuando parece que se va a perder (es por eso que quienes le van al Atlas jamás se trauman).

4. O que Kim il-Sung quería evitar que se realizaran otros partidos en el país, aunque fueran de futbol.

5   U otra...

Escriba aquí su propia conclusión:

_____

_____

_____

Por cierto, ante estas dos espectaculares sanciones a la Selección de Corea del Norte, la FIFA jamás hizo nada. Así pues, también podemos concluir:

1. Que como no hay pago de derechos por televisar la cagotiza a una selección oficial, la Asociación Internacional de Futbol no se mete.

2. O que la FIFA es muy respetuosa de cómo se organice cada una de las federaciones en los diferentes países.

En todo caso, para tranquilidad de quienes quieren y aman el futbol, ya no hay razón para preocuparse de que el actual dirigente de Corea del Norte, Kim Jong-un, pueda volver a hacer algo así. Afortunadamente a él lo que le gusta es el basquetbol y como lo demuestra está nota de agosto de 2013, el nuevo líder del régimen *Juche* no tiene inclinaciones deportivas sino artísticas.

AGENCIA EFE. 20 de agosto de 2013. La cantante Hyon Song-wol, exnovia del líder norcoreano Kim Jong-un, fue ejecutada en Corea del Norte junto a un grupo de 11 músicos acusados de violar la ley por tener Biblias y grabar y vender pornografía, según publica este jueves el diario surcoreano Chosun Ilbo.

El periódico de mayor tirada del país, que cita a fuentes chinas, revela que la cantante fue detenida el 17 de agosto por violar las leyes norcoreanas y fue ejecutada en público tres días más tarde. A la exnovia de Kim Jong-un le fue aplicada la pena capital junto a otras 11 personas, miembros de la orquesta Unhasu, así como a músicos y bailarines del grupo Wangjaesan Light Music Band. Todos ellos estaban acusados de grabar y vender videos pornográficos, y según una fuente citada

por el periódico, también les fueron incautadas varias biblias, por lo cual fueron tratados como disidentes políticos.

Kim Jong-un mantuvo hace una década una relación con la cantante, aunque esta terminó, pues no contaba con la aprobación de Kim Jong-il, el padre del actual líder norcoreano.

Tras la ruptura, Hyon se casó con un soldado y Kim Jong-un lo hizo con otra cantante, Ri Sol-ju, quien también fue miembro de la orquesta Unhasu. La fuente citada por el diario surcoreano revela que los 12 artistas fueron ejecutados delante de otros miembros de su grupo y familiares, y que estos últimos fueron trasladados después a campos de trabajo.

Hyon Son-wol   Kim Jong-un

De esto último podemos concluir que:
1. No es incompatible ser productor de porno y lector de la Biblia.
2. O la Biblia tiene partes muy pornográficas y nosotros no lo sabemos (de lo contrario todo el mundo estaría leyendo la Biblia).
3. O las esposas de Corea del Norte son mucho más radicales que las mexicanas cuando le exigen a sus maridos que jamás vuelva a hablarles a sus exnovias.

Idea millonaria para quien desee invertir en países socialistas (que hoy por hoy son los nuevos países capitalistas)

El iniciador de la dinastía socialista en Corea del Norte, Kim il-Sung, creó una filosofía llamada Juche, mediante la cual podía aplicarse la correcta versión revolucionaria de cualquier arte, ciencia, deporte, receta de cocina, posición sexual, albur, pasatiempo o pendejada que se le pusiera enfrente. Por eso pienso sinceramente que aún es viable la pornografía en ese país asiático. Si se lo proponen, todavía pueden hallar una forma de mercancía de imágenes eróticas compatible con su estilo de vida. El problema de Corea del Norte es que aún no han encontrado la manera de hacer el Porno-Juche, pero aquí va un ejemplo de que esto es posible.
Planteo esto con el único fin de ayudar a la hermana (sin albur) República Popular Democrática de Corea, (Corea del Norte, pues), para que empiece cuanto antes a trabajar en esta industria en la cual tiene un rezago de más de 70 años con respecto a sus rivales de Corea del Sur.

Volviendo al tema que nos ocupa, Salvar a México de un desastre y de paso ganarme el Premio Nacional de Protección Civil, pienso que el escarmiento público en el 2010 a la Selección norcoreana por parte de *el bien amado camarada líder Kim Jong-il, padre del pueblo, luz del partido, tigre de la revolución y hermano mayor del sol* (así es como obliga el protocolo de Corea del Norte para referirse a él) es algo que debemos de hacer en México, por supuesto con la Selección Mexicana, no con la norcoreana, si no qué chiste.

Seamos honestos, una vez eliminada nuestra selección en un mundial, lo que todos queremos es eliminarlos a ellos, empezando por el director técnico. Este perverso y horrible deseo reprimido nos afecta emocionalmente a todos de una manera negativa. Es muy probable que la ola de violencia que vive el país sea justamente ocasionada por todos estos abominables sentimientos contenidos que necesitan liberarse de alguna forma. Concedo que mi explicación de este fenómeno no pega ni echándole engrudo, pero las explicaciones oficiales del crecimiento de la violencia en México tampoco lo han conseguido. Así pues, en todo caso, hasta que no descartemos esta variable, jamás podremos estar seguros. Y ese es otro buen punto para echar a andar el sistema *Juche* de Porras Punitivas de futbol.

Lo que debemos aplicar es la misma reprimenda propinada a la selección de Corea del Norte del Mundial de Sudáfrica: seis horas de mentadas y rechiflas. Recomiendo el sistema moderno norcoreano de 2010 y no el de 1966, no porque me parezca injusto mandar a la cárcel a los seleccionados por perder el Mundial en México puedes ir a la cárcel por cualquier babosada si eres pobre, pero lamentablemente los jugadores de la Selección Nacional no lo son, así que podrían salir al día siguiente bajo fianza o, peor aún, irse directamente a jugar el Mundial con un amparo para no meter goles concedido por un juez. Así pues, lo de tenerlos en el Estadio Azteca durante seis horas soportando las injurias del respetable es lo más apropiado.

Por otro lado, los luchadores mexicanos llevan décadas dejándose insultar para que las masas se alivianen. La terapia de la lucha libre es algo que hasta los psicólogos recomiendan para lograr la reconciliación del individuo con su entorno. Con esto la frustración colectiva sería adecuadamente canalizada a través de la Selección Nacional de Futbol, y por fin, este equipo lograría tener una enaltecedora función social que hoy por hoy no cumple. Además, con lo que ganan, mínimo pueden hacer algo para retribuirle al país un poco de lo mucho que sacan "representándonos".

Otras ventajas adicionales de la reprimenda popular a la Selección Nacional:

- Podrían venderse en lo que se quisiera los boletos para asistir a este "encuentro" de la Selección. Seguro se llenaría el Estadio y hasta habría reventa.
- También podría venderse la transmisión por TV en pago por evento, lo cual generaría un importante ingreso adicional para la Federación y las televisoras. Además, sería una lana extra por una presentación más de la Selección Mexicana de Futbol que de cualquier manera no tendría, tras ser eliminada del Mundial. Una especie de *bonus track*.
- Podrían venderse asimismo camisetas oficiales y todo tipo de artículos promocionales de la mentada a la Selección Nacional.

- Aparte, podrían venderse los derechos sobre el uso de las madres de los jugadores y el DT de la Selección (algunos podrían vender la carta de transferencia de su mamá en mucho más dinero de lo que pagarían por la de ellos mismos).
- Aquí sí, Cuauhtémoc Blanco podría ser el comentarista de este tipo de "encuentros" de la Selección Nacional.
- La derrama económica de algo así podría dejar más que la participación de la Selección Nacional en un mundial; así pues, no que creo que la FIFA, la Femexfut o alguien del equipo se quejen.

Ahora bien, con esta medida ya no tendremos el temor de que la seguridad nacional se vea amenazada por los motines de la turba enardecida por la decepción que les ha causado el seleccionado, pero…

… ¿Qué hacemos en caso de que la Selección Nacional gane el Mundial?

La verdad, contra esta amenaza no tenemos nada preparado. Cada que hay un triunfo o incluso hasta un empate de la Selección Mexicana de Futbol se realiza un operativo de granaderos para evitar que la gente entusiasmada destruya la Columna de la Independencia en la Ciudad de México, la estatua de la Minerva en Guadalajara, la Macroplaza en Monterrey o el Árbol del Tule en Oaxaca. Por alguna razón, los mexicanos somos mucho más peligrosos cuando estamos contentos que cuando estamos enojados. Y toda esa vorágine de barbarie y destrucción ha ocurrido solo por unos triunfos pedorros que, hasta la fecha, jamás nos han llevado ni siquiera a octavos de final en una copa del mundo. Por eso no quiero ni pen-

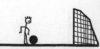

sar en lo que seríamos capaces de hacer si la Selección llegara a ganar un mundial. Admito que es mucho más probable la caída de otro meteorito que haga pomada todo, como ya pasó en Yucatán hace millones de años, a que ocurra esto de ganar un mundial. Sin embargo, con la suerte que nos cargamos, esto podría darse y generar el apocalipsis mexicano profetizado tantas veces por los columnistas de *La Jornada*. Y para protegernos de este desastre ni la Secretaría de Gobernación, ni el Ejército ni Gabriel Quadri, tienen un plan para salvar al país.

De puro gusto podemos destruir a México. Y por otro lado, prohibir la celebración puede resultar aún más peligroso. No es posible que cuando por fin salimos a gritar el *Sí se pudo*, nos salgan con que *No se puede*. Es por eso que, ante un escenario como este, debemos implementar algo que permita el festejo pero que, al mismo tiempo, nadie quiera hacerlo. Por eso propongo usar la miscelánea fiscal de emergencia para aplicarle un impuesto a las celebraciones por la Selección Nacional: que pague más el que más festeja. Así logrará atenuarse el riesgo, pues la mayoría preferirá irse a celebrar en voz baja a su casa para evadir impuestos. Con ello, estoy seguro, podrá garantizarse la seguridad del país ante una contingencia catastrófica de tal naturaleza.

(Para qué sirven los granaderos del GDF)

Solo me resta proponer como medida adicional:

El bunker en caso de que gane la Selección Nacional

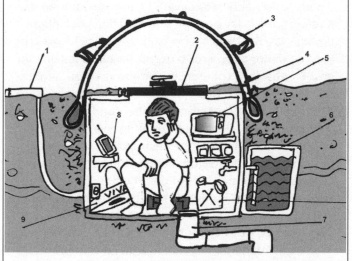

1) Alimentación eléctrica, 2) Compuerta blindada, 3) Ventilación, 4) Bóveda de hormigón de un metro de altura a prueba de ataques de artillería pesada, pintada de amarillo por fuera para que parezca uno de los topes que construye el ayuntamiento de Tlalnepantla, 5) Horno de microondas y sopas Maruchan para cinco días, 6) Agua para una semana, 7) Drenaje (esta instalación se usará solo en caso de verdadera emergencia; es por eso que el búnker está equipado con sopas Maruchan, con el fin de estreñir durante varios días a quien lo habite), 8) Radio/TV para seguir la final del mundial en el que puede ganar México la Copa del Mundo, 9. Sombrero mexicano para todo tipo de celebraciones nacionalistas.

El diseño de este refugio en caso de triunfo la Selección Mexicana de Futbol está inspirado en los eficaces búnkers antinucleares suizos distribuidos estratégicamente por todas partes en ese país. Suiza es una nación obsesionada con el orden, la paz y la protección (sobre todo del dinero sucio). Es por eso que en ese país europeo la ley prohíbe tirar la cadena del inodoro pasadas las diez de la noche, circular en bicicleta sin seguro de daños a terceros o usar la lavadora los domingos. En absoluta coherencia con esa manera de pensar, su gobierno ha decidido que cada ciudadano suizo debe contar con un espacio seguro donde protegerse de una guerra nuclear durante seis meses (tiempo muy corto para evitar los fatales estragos de la radiación, pero con esto Suiza sigue manteniendo su reputación como la nación más segura del mundo). Este país posee un vasto circuito de búnkers de todo tipo que, según su gobierno, puede albergar a unos nueve millones de personas, pues en su constitución se estipula que "Cada ciudadano tiene derecho a un refugio protector cerca de su residencia". La ley data de 1950 y no se trata de una legislación petrificada, herencia de la Guerra Fría, esta norma fue ratificada por el parlamento en 2012, el mismo año que para algunos sería el fin del mundo (los suizos fueron los únicos que se tomaron en serio las profecías mayas). Así pues, como norma arquitectónica, desde 1950 todas las nuevas edificaciones deben incluir refugios nucleares o pagar una cuota de hasta novecientos dólares para que los gobiernos locales puedan mantener los búnkeres municipales.

Para cuando una explosión nuclear o cualquier otra manifestación apocalíptica ocurra, los refugios de Suiza podrán acoger a toda su población de casi ocho millones de habitantes y un poquito más.

Mi propuesta es que aquí cada mexicano pueda tener su propio búnker en caso de que gane la Selección Nacional para protegerse durante la celebración. Para el caso de una guerra nuclear no lo sugiero, pues no creo que algo así pueda ser más peligroso que nosotros festejando y porque, la verdad, hacer cualquier cosa para intentar salvarse de una guerra atómica es nomás hacerse pendejo.

El diseño del bunker prototipo es básico e individual, y está calculado para poder refugiarse durante una semana, tiempo suficiente para que la turba se calme y sea seguro volver a salir a la superficie.

Esta defensa debe usarse para ver el partido de la final en caso de que México llegue hasta ese juego, pero puede empezar a utilizarse ya desde que la Selección llegue a octavos de final.

El bunker en caso de que gane la Selección Nacional podría venderse junto con todos los artículos promocionales de la misma, pero este sí sería un producto con el cual uno puede demostrar que realmente cree en el equipo.

Para los años en que no hay mundial se pueden usar en la Ciudad de México o en Oaxaca, cuando la sección 22 de la CNTE llegue a manifestarse.

LA ENCICLOPEDIA DE LA PATADA

EL ESLABÓN PERDIDO DEL FUTBOL

¡El fósil viviente del juego más popular del mundo!

EL JUEGO DE ¿FUTBOL? DE ASHBOURNE

Fasciculo 2

Después de conocer esto, todos los demás deportes extremos serán como jugar al té con las muñecas.

¡El fósil viviente del juego más popular del mundo!

En Inglaterra existe un pequeño pueblo llamado Ashbourne, donde se celebra anualmente el partido de futbol más grande y largo del mundo. El referente más antiguo que se conserva data de 1683, pero esto se debe a que un incendio a principios del siglo XIX en la alcaldía del pueblo destruyó los archivos.

Sin embargo, este deporte ya se practicaba en Ashbourne desde antes de la Edad Media.

Por su rudeza salvaje y su deliberada permisividad hasta llegar a excesos atroces, este juego fue prohibido en diversos momentos de la historia, pero desde hace años cuenta con permiso real para efectuarse. Incluso se sabe que el príncipe Carlos participó alguna vez en este juego. (Lo que fuera con tal de no estar con la princesa Diana.)

Este partido dura dos días y la cancha oficial es todo el pueblo. Asimismo, la cantidad de jugadores permitidos son TODOS los habitantes del pueblo, incluidos mujeres y niños. Los pobladores de Ashbourne son divididos en dos grupos, más o menos iguales, enfrentándose quienes viven en la parte alta del pueblo contra los de la parte baja. Los Ups'Ards contra los Down'Ards.

El juego se realiza los martes de carnaval. Consiste en llevar un balón de un lado al otro del pueblo como sea y golpear con él tres veces un palo. Quien lo hace anota un "gol" y tiene el derecho de llevarse la pelota a casa como trofeo. A eso le llaman en esta población "football", desde el siglo VI.

es que nadie aguanta 3 palos seguidos.

Si hay un gol antes de las seis de la tarde se termina el partido, si no lo hay se suspende a las diez de la noche, para continuarlo al día siguiente. Hay ocasiones en que los partidos terminan 0-0, lo cual nos da una idea de lo difícil que es anotar en Ashbourne.

Por lo demás, TODO está permitido en los partidos. Se puede tomar con la mano o patear a la pelota y a los otros jugadores. Así pues, por lo común, estos encuentros son en realidad batallas campales donde todo el pueblo se agarra a trancazos sin piedad. La única regla establecida es no matar "VOLUNTARIAMENTE" a un contrincante, lo cual ocurre con tanta frecuencia que hasta parece que lo hacen a propósito.

Los frecuentes accidentes fatales de este juego se consideran parte del *fair play*.

La pelota es de corcho, para evitar que si cae al río se hunda, y ha sido común que jugadores se ahoguen cuando van por ella. Por eso, ahora se juega con chalecos salvavidas de dos colores diferentes. Este es el único añadido de seguridad que ha tolerado este juego en siglos.

La tradición cuenta que en la Edad Media el juego se hacía con la cabeza de algún reo ejecutado.

Aunque todo se vale, no se debe jugar en la iglesia, en el cementerio o en el ayuntamiento del pueblo, pues donde cae la pelota todo queda destruido. Esta norma trata de cumplirse siempre y cuando la evolución del partido lo permita.

... Y luego los ingleses se quejan de la pamplonada.

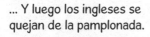

Resulta increíble que, a pesar de lo terrible que es esto, se permitan también niños, mujeres y ancianos. Pero lo mismo puede decirse de la comida inglesa y tampoco nadie se ha quejado.

LAS PATADAS DEL DEPORTE DE LAS PATADAS

Cuando marcas eres grande y cuando no, estás gordo.
Ronaldo, delantero del Real Madrid y metrosexual

La pretemporada está siendo muy dura. Nos levantamos a las nueve de la mañana.
Davor Suker, exfutbolista croata; campeón de la Liga de Campeones de la UEFA en 1998

No tiene zurda, no va bien de cabeza, no sabe ganar un balón y no hace goles. Por lo demás, está bien.
George Best opinando sobre David Beckham

El futbol y la religión tienen el gran mérito de ser los únicos GRANDES negocios globales que no controla Estados Unidos (y esto fortalece la teoría de que el futbol en realidad es una religión). Por alguna extraña razón, mientras los gringos intentan mantener su hegemonía en los negocios de las armas, el internet, las computadoras, la pornografía, las drogas, la comida, la televisión, el cine, los refrescos, la telefonía celular, los automóviles,

las medicinas, etc., el futbol lo han dejado libre y no se les ve que tengan el más mínimo deseo de meterse en esta industria (tal vez por que creen que ellos ya lo controlan con el futbol americano).

Tan excepcional situación ha permitido que la FIFA haga sus negocios sin preocuparse de que frente a sus oficinas se les llegue a estacionar un portaviones exigiendo su rendición, o que Joseph Blatter deba vivir oculto en un búnker porque lo han acusado de terrorismo y un comando de *rangers* en cualquier momento puede caerle encima para ejecutarlo. Pero lo más importante es que, gracias a esto, hemos podido conocer cómo son "otros tipos" de empresarios de clase mundial y darnos cuenta que en ese mundo de tiburones no todo es Donald Trump.

Así por ejemplo, nos hemos familiarizado con la grotesca picardía de un Silvio Berlusconi, dueño del Milan FC; la discreta monopolización de los jeques árabes sauditas, dueños de casi todos los clubes de futbol ingleses; la cruzada futbolera de un Florentino Pérez del Real Madrid FC; el paternalismo neoliberal de un Hernán Levy Arensburg, consuegro del presidente chileno Piñera, nuevo dueño del legendario Colo Colo FC; la prosaica mercadotecnia de un Vergara, dueño del Guadalajara FC y empresario que a todos manda a las primera dos sílabas de su apellido; o el amor a la camiseta hasta perder la camiseta de un Emilio Azcárraga, del Club América.

(El nuevo uniforme del América)

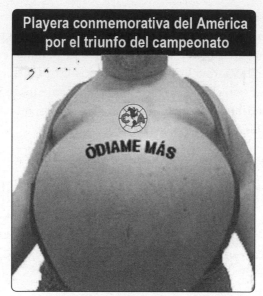

Playera conmemorativa del América
por el triunfo del campeonato

ÖDIAME MÁS

El diseño de esta camiseta estuvo a cargo
de las más prestigiadas marcas de cerveza mexicanas

El sagrado vínculo del futbol ha permitido que los ciu-
dadanos de a pie (que ahora de manera políticamente
correcta llamamos peatones) podamos incluir como parte entrañable de nuestras familias a todos esos poderosos
magnates, gracias a que son los dueños de los equipos
que amamos.

La siguiente es una historia de cómo realmente el futbol une al mundo o el mundo está unido al futbol, según
se vea... y de cómo sí es posible ser futbolista, entrenador,
porrista y dueño de un equipo de futbol al mismo tiempo.

En 2011, durante la campaña mediática que apoyó la
ofensiva militar para derrocar al régimen de Muamar el
Gadafi en Libia, se difundieron en todo el mundo muchas de las atrocidades del régimen, y una de las que nos
enteramos fue que en Libia toda persona que criticara
públicamente cómo jugaba futbol el hijo del dictador era

enviado a prisión, donde era torturado hasta que afirmara que el *junior* jugaba bien. Pero lo más sorprendente que también supimos fue que una de las principales razones por la cuales muchos rebeldes libios estaban luchando contra el gobierno era para lograr que su equipo por fin pudiera deshacerse del hijo de… el dictador, que era una plasta. La historia es más o menos así.

La verdadera estrategia defensiva

Muamar el Gadafi, *hermano, líder y guía de la revolución en Libia* (ese era el título oficial de su cargo), tuvo ocho hijos y a todos los metió a chambear en asuntos del gobierno. Pero resultó que uno de ellos de plano no podía dedicarse a la política. Y es cuando uno se pregunta: ¿qué tan pendejo debe ser alguien que ni siquiera puede trabajar de político?, sobre todo cuando vas a trabajar de político en el gobierno de tu papá, un dictador a quien todo el mundo está obligado a decirle que todo lo que hace lo hace bien.

Este hijo era Saif al Islam Gadafi, primer hijo de su segundo matrimonio, nacido en 1972. Desde niño Saif soñaba con ser futbolista, centro delantero y *crack* internacional de este deporte. Para encauzar la vocación de su chamaco, el gobernante le compró al mejor equipo del país y lo puso de centro delantero y también de dueño del equipo: el Al Ittihad FC de Trípoli.

El muchacho jugaba regular tirando a mal, pero su falta de destreza como futbolista la compensaba con la absoluta impunidad que tenía para cometer todo tipo de faltas en la cancha y también con el hecho de que le bastaba tirarse en el área chica para que el árbitro señalara penalti a favor de su equipo. Así pues, al final de cuentas, unas cosas remediaban otras.

Sin embargo, esto no lograba hacer que los hinchas del Al Ittihad apreciaran la invaluable superioridad que un jugador como Saif le daba a su equipo. Criticaban, con toda la brutal crudeza característica de todos los aficionados al futbol, sus mediocres actuaciones. Y con respecto a los aficionados que le iban a los demás equipos, pues lógicamente las críticas eran todavía más potentes. Esto poco a poco fue haciéndose más común en la sociedad libia, a tal punto que cada partido de futbol del Al Ittihad desencadenaba una oleada popular de insultos al régimen.

Con el fin de corregir esta imprevista desviación política que estaba adquiriendo el futbol y orientar a la afición en una perspectiva objetiva de lo que sucedía realmente en la cancha se empezó a detener a todas las personas que reprocharan públicamente cómo había jugado Saif al Islam Gadafi. Recuerdo haber leído algunas esplendidas crónicas del enviado especial de *Excélsior*, Pascal Beltrán del Río, en la ciudad de Bengazi durante 2011, con los testimonios de personas que habían quedado tullidas tras meses de cárcel porque, al ver un partido de futbol en el café de su barrio, se les ocurrió insultar al hijo del líder y guía de la revolución libia cuando falló un tiro; vamos, lo que hace todo el mundo cuando alguien la caga en el futbol (por eso yo no me canso de agradecer a Dios por habernos salvado de que el padre de alguno de los entrenadores de la selección nacional fuera dictador de México).

Saif tenía alguna noción de eso que llaman el *fair play* y quería mejorar su nivel de juego para demostrarle al mundo que no estaba en ese puesto solo por ser el propietario del equipo y el hijo del dueño del país. Así pues, para poder dar resultados en corto tiempo se fue a lo práctico y contrató como su asesor futbolístico a Maradona, como su preparador físico a Ben Johnson y como su director técnico y médico personal a Carlos Bilardo. Nunca se supo exactamente cuánto les pagó a estas superestrellas del deporte, pero la mayoría de las versiones hablan de 100 000 dólares al mes para cada uno. Con ese dinero, seguramente también pudo haber contratado a Jorge Campos para que le enseñara a preparar tortas.

El hijo de Muamar el Gadafi era un joven entusiasta y espabilado, así que en poco tiempo estas tremendas figuras deportivas le enseñaron lo mejor que sabían hacer. Ben Johnson le enseñó a doparse y Maradona a consumir coca… o Pepsi, o cualquier cosa que lo hiciera ir al baño por lo menos siete veces en menos de 15 minutos.

El doctor Carlos Bilardo seguramente le enseñó a hacerse cada año el papanicolaou, pues además de futbolista es ginecólogo (el doctor Bilardo fue el DT de Argentina en el Mundial de México 86, ese donde Inglaterra quedó eliminada con el famoso gol de "la mano de Dios" de Maradona. Y fue él quien, en el Mundial de Italia de 1990, ordenó dar agua con somníferos a los jugadores de la selección brasileña, en particular al defensa Branco. Esto fue confirmado por Maradona en su programa de TV *La noche del 10*, cuando tuvo de invitado a Pelé y este se lo preguntó).

Terminada su preparación, Saif decidió que ya estaba listo para llevarlo todo al siguiente nivel y consideró que la liga libia ya le quedaba chica a un jugador de su categoría. Así pues, tomó sus maletas y cruzó el Mediterráneo, para hacer realidad el sueño de toda su vida: jugar en la Champions Leage. Su entrada en esta prestigiosa liga de los mejores jugadores de los mejores equipos del futbol europeo fue gracias a todo lo que había aprendido de este deporte en su país. Compró parte de algunos equipos del futbol italiano y se alineó como delantero en el Perugia en 2003.

Saif se preparó para su debut en el futbol italiano usando todo lo que le habían enseñado sus maestros. Lo hizo tan bien que, el primer día que por fin iba a jugar, un examen *antidoping* que le hicieron dio positivo en tantas sustancias que quedó inhabilitado para el futbol ¡por tres meses! Todos los hinchas del Perugia suspiraron aliviados.

Mientras esperaba que pasara la sanción, organizó un juego amistoso entre su equipo de Libia, el Al Ittihad, y el Barcelona, al cual le pagó 300 000 dólares por echarse una cascarita con su conjunto. Y ya se sabe: para los catalanes *la pela es la pela* y *si la bolsa sona Barcelona es bona*. (El invento del cable de cobre se le atribuye a dos catalanes que tiraban de una moneda la cual ninguno de los dos soltó jamás.) Así pues, todos felices y como dirían los catalanes: *Qui no s'arrisca, no pisca.* (Quien no se arriesga no pesca).

Una vez pasado su castigo, Saif regresó a Italia y fichó para el Udinese FC. Sin embargo, en toda la temporada no llegó a jugar ni cinco minutos. Se sabe que invariablemente lo dejaban en la banca y por eso Saif llevaba siempre consigo un maletín lleno de dólares que le ofrecía al entrenador para que lo alineara, pero este no aceptaba (Si hubiera venido a México incluso habría podido jugar él solito cada partido).

Indignado se cambió al Sampdoria FC, uno de los equipos míticos de la liga italiana, contratado oficialmente como medio-ofensivo. Pero lo medio ofensivo para Saif fue que el entrenador le diera constantes largas para dejarlo debutar, aplicándole la doctrina del Son de la Negra: Le dijo que sí pero no le dijo cuándo.

Desilusionado por su situación en el equipo, Saif decidió hacerse banquero, pues como iba con su maletín con dinero para estar en la banca, se dio cuenta que con la lana que tenía podía formar el Banco de Reserva del Sampdoria y hacer que el estadio se llenara con aficionados que venían a verlo a él para pedirle créditos hipotecarios.

Harto de su condición regresó a su país, donde se hizo cargo de la Federación de Futbol Libia, pues era el más indicado para encabezar esta institución, debido a la gran experiencia que había adquirido en su paso por el futbol europeo, aunque en toda su trayectoria de cuatro años había alcanzado a jugar en total 15 minutos.

Retirado del futbol, Saif decidió invertir su dinero (bueno, el de su papá; bueno, el de los libios) en la única industria donde podría hacer que su pasado como futbolista fuera glorioso: ¡El cine de Hollywood! Fundó junto con el realizador de cine Matty Beckerman una productora llamada The Natural Selection (La Selección Natural, que curiosamente no era selección de fut-

bol, o quién sabe.) Pero lo hizo con muy mala suerte, pues el negocio lo inició justo en 2010, cuando nuevas presiones estadounidenses se cernían contra el gobierno de su padre. El resultado fue que le congelaron cada dólar de los millones que había llevado para hacer sus películas, y se fregó el negocio.

Durante el lanzamiento a los medios de la productora The Natural Selection, un periodista de la revista *Warp* le preguntó a Beckerman por qué se había asociado con un Kadafi, y elegantemente contestó: "No acostumbro juzgar a la gente por su pasado". Pero para el año siguiente, el problema de Saif ya no era su pasado, sino su futuro. El régimen de Kadafi fue tumbado por una revolución apoyada por Estados Unidos y la OTAN; bueno, más exactamente fue tumbado por Estados Unidos y la OTAN, y nada más.

Saif quedó como un paria apestado o, para ponerlo en términos futbolísticos, en un clarísimo fuera de lugar. Entonces se dedicó a buscar desesperadamente un país, o un equipo de futbol, donde poder exiliarse, no importándole que lo dejaran en la banca, o mejor aún, en las regaderas donde nadie lo viera.

Muamar el Gadafi fue linchado en octubre de 2011 y del resto de la familia del líder y guía de la revolución libia no se sabe nada. Se especula que pueden estar ocultos en Argelia o en Venezuela. Es entonces que, a finales de noviembre de ese año, el mundo se entera que Saif al Islam Gadafi venía a México, específicamente a su casa de la Riviera Nayarita que compró junto con otras propiedades, con la intención de quedarse a radicar en ese bonito y hospitalario país. De inmediato, las autoridades mexicanas niegan la estancia a Saif y lo buscan hasta por debajo de las piedras para poder entregárselo a los gringos. Desde luego son investigados los africanos del América, no vaya a ser que se haya colado por allí.

A mediados de septiembre de 2013, fueron liberadas dos mujeres que estaban recluidas en una cárcel de Chetumal, Quintana Roo por el delito de **QUERER** *internar en el país de manera ilegal a Saif al Islam Gadafi* (y tal vez querer hacer algo aún peor, nacionalizarlo para que formara parte de la selección mexicana de futbol). Ellas son la canadiense Cynthia Ann Vanier y la mexicana Gabriela Dávila, quienes habían estado presas desde enero de 2012, acusadas de esta conspiración, debido a que ellas fueron las corredoras de bienes raíces que operaron la compra de las propiedades de la familia Gadafi en México. Un juez federal ordenó su liberación por no poder acreditar su responsabilidad en el plan. Además, este jamás llegó a concretarse, pues Saif jamás pudo llegar a México. ¿Cómo fue que lo encontraron? Saif fue detenido en noviembre de 2011 en la frontera de Libia con Nigeria, y al parecer fue identificado porque iba con su camiseta de futbolista que en la parte de atrás y de adelante llevaba su número y su ¡NOMBRE!

Actualmente, Saif está preso. Espera ser juzgado en su país por los delitos de fraude e "incitación a la violación", cualquier cosa que eso signifique. Sin embargo, el Consejo de Transición Libio está esperando que un juez

pueda mantenerse en su cargo el suficiente tiempo como para que, por lo menos, pueda leer el nombre del acusado. Por otra parte, la Corte Penal Internacional de La Haya ha solicitado oficialmente ya varias veces que les entreguen a Saif, para poder juzgarlo nada menos que por el delito de ¡crímenes contra la humanidad! Chale, está bien que jugara mal al futbol, pero no es para tanto.

**Fulbol budista tibetano.
Gana el equipo que no quiera ganar.**

Futbol interruptus

CHIVAS AL PODER

*El asunto más difícil es encontrar algo
para reemplazar al futbol, porque no hay nada.*
Kevin Keegan, futbolista inglés

*No hablo nunca mal de los árbitros y no voy a romper
este hábito de toda una vida, por ese idiota.*
**Ron Atkinson, exfutbolista, exentrenador,
y excomentarista deportivo inglés**

*Me gustaría jugar en un equipo italiano,
como el Barcelona.*
Mark Draper, exfutbolista inglés

El futbol y la política forman una mezcla poderosa, pues combina las dos actividades en donde el ser humano puede cometer más pendejadas y su fusión hace que este tipo de acciones aumenten de manera exponencial. Sin embargo, jamás un error cometido por un gobernante podrá generar en el pueblo la indignación que provoca

una equivocación en el futbol. Tal vez por eso los políticos se mantengan en sus puestos, a pesar de que la caguen sistemáticamente, y los entrenadores de futbol sean echados a patadas a la primera.

Solo por perversión me gusta pensar qué pasaría si a los presidentes mexicanos los corrieran a la primera babosada que cometan, como cualquier DT de la selección nacional. Creo que en un año podríamos llegar a tener 365 presidentes, lo cual sería un desastre para la estabilidad del país. Tal vez ni siquiera daría tiempo de tomarles la foto que se pone en todas las oficinas de los secretarios de Estado antes de que salieran por patas. Sin embargo, este caos quedaría compensado de sobra con atinarle un día a uno que por lo menos aguante dos semanas sin cagarla. Igual y en esa quincena el país avanza más que en los últimos 20 años.

Volviendo al tema, la verdad es que los políticos SÍ se parecen mucho a los futbolistas.

Veamos.

TABLA COMPARATIVA ENTRE POLÍTICOS Y FUTBOLISTAS

- Se dan de patadas entre ellos en todos los partidos.

- Se la pasan aventándose la bolita unos a otros.

- Cuando los mandan a penales, en la mayoría de los casos no sirve para nada.

- Después de un rato en el partido, todos terminan en algún momento en la banca y viceversa.

- Ganan una cantidad desproporcionada de dinero por las pendejadas que hacen.

- Su trabajo en realidad consiste en joderse a otros que hacen lo mismo que ellos.

- Cuando los expulsan se esperan un rato para volver a aparecer en otro partido.

- Insultan al árbitro cuando no los favorece.

- Portan siempre con orgullo la camiseta del que los compra.

- Cuando meten la mano es para hacer algo que está prohibido por las reglas y cuando meten el pie es para tirar a alguien.

- Cuando pierden siempre dicen que la culpa no es de ellos.

- Están seguros de que sin ellos se perderá irremediablemente el partido.

- Suelen andar con hermosas actrices de televisión.

- Siempre pedimos para ellos los peores castigos posibles y jamás les hacen nada.

- Nadie les entiende cuando intentan explicar qué pasó en el partido.

Es por eso que, en lugar de elecciones, deberíamos tener el campeonato por la silla presidencial, la copa gobernadores, el torneo del Poder Legislativo y la liguilla por la candidatura. Además, el Instituto Federal Electoral podría cambiar su nombre por el de LIGA ELECTORAL MX y no por esa jalada del Instituto Nacional Electoral.

La única diferencia entre ambos grupos es que mientras los políticos usan al futbol para hacerse propaganda y colgarse de los triunfos de los futbolistas, los futbolistas no pueden usar a los políticos para hacerse publicidad colgándose de sus triunfos (Tal vez esto se deba a que los políticos jamás tienen un triunfo evidente). Como sea, es un hecho que en tanto el futbol sí sirve para hacer política, la política no sirve para hacer futbol.

De hecho, mientras los futbolistas no pueden aprovechar a los políticos ni siquiera como postes de una portería, hay evidencias de que los políticos se han pasado con los futbolistas. Por ejemplo, en 1963 el dictador portugués Antonio de Oliveira Salazar declaró *patrimonio de Estado* al famosísimo futbolista Eusébio da Silva Ferreira solo para poder controlarlo. En 1973 se debe realizar un debate en el parlamento holandés para decidir si Johan Cruyff puede ser traspasado a otro equipo o no. En 1983 Lutz Eigendorf, futbolista estrella de la República Democrática Alemana, es asesinado por el régimen de su país acusado de desertor, tras fugarse a la República Federal Alemana. O en 2003, el Partido Justicialista de Argentina hizo la campaña de Néstor Kirchner con una foto de este político con el lema: "Por él vota Maradona". Lo dicho: el futbol es para la política lo que el balón es para el futbol.

La siguiente es una historia donde se demuestra cómo, a través del futbol, sí se puede llegar a tomar el poder… sí se puede, sí se puede, sí se puede, sí se puede, sí se puede, sí se puede… Por eso creo firmemente que si el Peje en realidad quisiera gobernarnos, en lugar de andar sacando el registro de su propio partido, debería hacer su propio equipo de futbol. Claro, el problema es que eso sí le costaría una lana de su dinero, mientras de la otra manera le dan un millón de pesos diarios… de nuestro dinero. Esa es también la otra importante diferencia entre los políticos y los futbolistas. En todo caso, si hay alguien que se dedique a la política entre los amables lectores que han tenido la bondad de llegar hasta esta parte del libro, por favor tome nota de lo que viene a continuación, pues le puede ser de gran utilidad para su carrera si piensa dedicarse a la política.

Milán es una poderosa ciudad industrial y la capital financiera de Italia. Asimismo, es el centro y referencia del diseño mundial en todas sus manifestaciones, y es también la capital "espiritual" del norte de Italia. Es además la zona rica del país y, según los paranoicos clichés italianos, la parte que trabaja y mantiene al resto de la nación, conservando a Italia dignamente como país europeo del primer mundo y evitando con su tenaz esfuerzo que esa república se convierta en una patética y miserable nación africana, algo para lo cual están confabulados todos los italianos que viven en el sur.

La ciudad de Milán tiene un equipo de futbol muy importante. Sí, adivinó usted, el Milán FC. Y como les ocurre a todos los equipos que tienen la desgracia o la fortuna de llevar el nombre de un lugar, encarnan simbólicamente y sin querer-queriendo todo lo bueno y lo malo de estos sitios. Así pues, un partido Milán (norte) vs Nápoles (sur) significa para muchos italianos la guerra entre dos mundos incompatibles: los contribuyentes cautivos del fisco y los huevones evasores que reciben los beneficios de los impuestos. Desde la perspectiva mitológica, este enfrentamiento es visto como la guerra simbólica entre la escancia de lo verdaderamente italiano, lo napolitano, y los arrogantes norteños, quienes sin el espagueti producido en el sur no tendrían nada que comer.

(EL ARQUERO)

La década de los 80 comenzó siendo una mala racha para el Milán. Sus directivos fueron descubiertos como parte fundamental del "Totonero", un escándalo de corrupción para arreglar los resultados en los partidos y así amañar los resultados de las quinielas. Por orden judicial, el club fue descendido a la segunda división. Asimismo, por orden de un juez, los resultados de varios partidos fueron cambiados. La fiscalía llamó a más de 48 jugadores de futbol de diferentes equipos a declarar. El Milán destacaba por el número de sus futbolistas implicados. Algunas de sus estrellas, como el famoso portero Paolo Rossi, quien era también el arquero de la selección italiana, fueron suspendidas por dos años al comprobarse que se dejaron sobornar para permitir que les metieran goles. Por su parte, los funcionarios del Milán huyeron del país, fueron puestos presos o renunciaron a sus cargos por "motivos se salud". Además, le impusieron una multimillonaria multa al club, dejándolo muy mal herido en sus finanzas.

Así las cosas, el equipo empezó como pudo a remontar en los años siguientes, pero no lograba volver a su antigua posición de gran favorito de la liga italiana. La directiva del Milán, durante esos años, era exactamente igual que los gobiernos italianos: una vez conformada, bastaba que soplara el viento o se acabara el azúcar para el café de la oficina, para que todos presentaran al día siguiente su dimisión. En 1986 logra clasificar para el Campeonato de la UEFA, pero una repentina eliminación del Milán en el torneo hace que renuncie Giuseppe Farina, el presidente del club, que para entonces exhibe al mundo claras señales de que lo suyo no tiene remedio. Es entonces cuando aparece un empresario, hasta entonces poco conocido, Silvio Berlusconi, buscando comprar el Milán FC y usando la vieja máxima de todos los hombres de empresa: "Ahí donde todos los demás ven un problema yo veo una oportunidad de negocio".

Los doctrinarios del club ven como un anatema que el Milán quede en manos de alguien como Berlusconi. Para Guianni Rivera, *Il Bambino d'Oro* y símbolo del equipo, darle el Milán al empresario es como "dejar la Iglesia en manos de Lutero". Mientras para pragmáticos del Milán esta es la gran oportunidad de inyectarle dinero al club, y de paso a ellos mismos. Así pues, a golpe de billetes y tocándoles la lira con "la lira italiana", Berlusconi logra que todos bailen al son que les pone y termina comprando el equipo el 24 de marzo de 1986. Actualmente esta fecha se festeja en el Milán como *il resorgimento* del club, y en práctica, es el día de la lealtad a Berlusconi, como ahora en Venezuela el presidente Maduro impuso el día de la lealtad a Chávez, en México el 10 de mayo es el día de la lealtad a nuestras mamás.

Si algo tiene Berlusconi es su gran don para comprender las cosas obvias y hacer de ellas estupendos negocios. En la ciudad de Milán construyó una exclusiva zona residencial llamada Milán Duo, que colocó rápidamente muy por encima de otros desarrollos de gran estilo de la urbe, gracias a que la dotó de servicios públicos de un lujo delirante y que en realidad no eran nada, como espacios de estacionamiento preferentes exclusivos para Ferraris. Otro estupendo negocio de este polémico empresario fue el Canale Cinque, la gran cadena de televisión privada de Italia que avasalló a todas las demás, gracias a la orden de Berlusconi de llenar la pantalla todo el tiempo con grandes bellezas con ropa apretada de enormes escotes y sin sostén. El resultado de introducir el sencillo ingrediente del *soft porno* en la pantalla chica aumentó de manera exponencial el *rating* de la señal del Canal 5 italiano, que ha sido hasta el momento el de mayor audiencia y por tanto el más poderoso en todo el país.

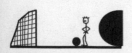

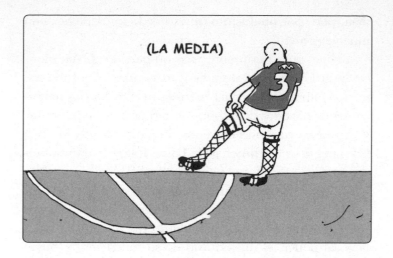

(LA MEDIA)

Ya con el Milán FC, Berlusconi uso su don, su dinero, sus medios y sus influencias para transformar al equipo en un producto exitoso. A partir de 1986, el club se consolida y va ganando campeonato tras campeonato, y cuando no gana, queda como subcampeón o entre los primeros. Con el prestigio del Milán FC como tarjeta de presentación, funda ocho años después el partido Forza Italia, usando la frase futbolera con la cual los italianos apoyan a su selección. ¡¡¡Cómo no se le había ocurrido eso a nadie antes!!!

En México lo intentó después, con muy mala mano, Marta Sahagún, la esposa del presidente Vicente Fox, cuando sacó su fundación Vamos México, que tenía todas las ganas de convertir en su plataforma política, pero como nunca quedó clara la vinculación de esta frase con el futbol, no cuajó. Estoy seguro que si llega a salir un partido que se llame *SÍ SE PUEDE* u *OE-OE-OE-OEEEEE* arrasa en las elecciones, (Señores políticos, en especial Andrés Manuel López Obrador, Marcelo Ebrard, Manuel Espino o Dr. Simi, tengo registrada esta

idea, pero por poquísimo dinero cedo los derechos con mucho gusto).

Bueno, pues Berlusconi creó un partido al cual montó en la lógica del balompié. Sus consignas eran como porras futboleras. Sus discursos eran enardecidas narraciones de partidos de futbol. A diferencia de las banderas y camisetas comunes entre los simpatizantes de los partidos políticos, los hinchas de Forza Italia usaban bufandas con los colores y el nombre de su partido, ¡como las usadas por los aficionados de los equipos de futbol!, generando una aceptación prácticamente automática por parte de los electores. El resultado fue que Forza Italia llegó al poder ¡el mismo año de su fundación! y Silvio Berlusconi fue nombrado primer ministro de la República Italiana en mayo de 1994.

No hay en la historia ningún otro partido que en tan poco tiempo haya triunfado en unas elecciones, ni siquiera el PRI, creado desde el poder, pues desde su fundación en 1929, hasta las siguientes elecciones donde ya estaba todo planchado para que ganara, pasaron más de 10 meses. La diferencia desde luego es el futbol. Si el emperador Constantino tuviera que pelear hoy una batalla decisiva, los ángeles se le aparecerían con la imagen de un balón de futbol para indicarle que lo pusiera en los escudos de sus tropas diciéndoles: "Con este signo vencerás", en lugar de poner la cruz de los cristianos.

A partir de entonces, Berlusconi gobernó tres veces Italia como el gran director técnico del país. Como todo buen DT ha tenido que salir por patas entre jalones y vituperios, pero como dijo el entrenador español José Antonio Camacho, recientemente destituido del cargo como seleccionador de China: "No eres un buen entrenador si no te han echado antes al menos dos veces".

(LOS DELANTEROS)

Berlusconi fue presidente de Italia una vez más de 2001 a 2006, periodo durante el cual se acercó al futbol italiano el hijo de Muamar el Gadafi, Saif al Islam, con la intención de hacerse estrella en *il Calcio Italiano*. Por esos años, también se desató un nuevo escandalo futbolero cuando el fiscal de Turín, Raffaele Guarinielo, descubrió una red de corrupción para la compra de árbitros, con el fin de nuevamente amañar los resultados de los partidos y hacer fraude en las apuestas y quinielas (gracias a los italianos el futbol mexicano parece un deporte de caballeros). El asunto fue tan grave que casi todos los árbitros de la Liga A italiana fueron inhabilitados, y el gran favorito de la liga, Juventus FC, fue condenado por un juez a bajar a la segunda división. Además, ocho directivos de clubes de futbol fueron cesados por orden judicial, entre ellos Galliani, del Milán FC, el hombre de Berlusconi en el equipo. Todo recordaba a la gran crisis del "Totonero", debido a la cual el empresario milanés y entonces presidente de la República Italiana pudo hacerse del equipo que lo llevo al poder.

El "futbolista" Saif al Islam Gadafi estaba allí y vio la tempestad pero no se hincó. El *junior* había emigrado a Italia para triunfar en algún equipo de la primera división y jugar en la *Champions Leage*. Para eso ya se le estaba haciendo tarde. Así pues, le pide a su papá que de presidente a presidente arregle con Berlusconi que le den una plaza en el Milán FC como delantero, ofreciéndole todo el dinero que quiera para que lo fichen. Pero el horno no estaba para bollos en el futbol italiano. Entonces, Berlusconi estaba a punto de terminar su ya de por sí quemado gobierno y no quería tatemarse aún más mezclándose en un escándalo poco ético relacionado con el futbol. Así pues, le dice a Muamar el Gadafi que lo siente mucho pero que no puede ayudarlo en ese momento. Esta negativa es tomada por el dictador libio como una verdadera ofensa personal. En respuesta, nacionaliza o bloquea todas las empresas italianas en Libia, empezando con las que tienen que ver algo con Berlusconi.

En 2006, el empresario italiano deja el poder y además lo hace por la puerta de atrás. En esas circunstancias se ve obligado a morderse un huevito kínder sorpresa y quedarse callado, mientras ve cómo del otro lado del mediterráneo Muamar el Gadafi le hace trompetillas y se zurra en sus intereses. Nunca le hubiera hecho eso, pues contra todo pronóstico, Silvio Berlusconi y su partido futbolero regresaron al poder en 2008. Y cuando en 2011 comenzó la campaña de las potencias occidentales para derrocar al gobierno de Gadafi, fueron los bombarderos italianos enviados por Berlusconi los primeros y los que más constantemente bombardearon al ejército del gobernante libio.

No sé si Berlusconi se habría negado a hacer esto de no haber ocurrido el incidente por el fichaje del delantero Gadafi. De lo que sí estoy seguro es que, si esto no hubiera sucedido, él no se lanza a ser el primero en atacar a Gadafi, y tampoco hubiera sido el agresor más entusiasta de todos los que intervinieron militarmente en Libia.

Actualmente Berlusconi vive alejado de la política, debido a que en 2013 un juez le impuso una condena de siete años de prisión (conmutada por arresto domiciliario y trabajo comunitario) y una inhabilitación PERPETUA para ocupar cargos públicos, por los delitos de incitación a la prostitución (de una prostituta) y *abuso de autoridad*. Todo esto salió a la luz por el caso de una sexoservidora marroquí autodenominada Rubí, quien fue invitada a chambear en una fiesta de Berlusconi. La defensa del magnate italiano alegó, no sin razón, que no era posible que cualquier italiano antes o después de Berlusconi pudiera incitar a la prostitución a Rubí, pues en eso trabajaba. Pero su cliente fue el único condenado por esto. Sin embargo, el juez declaró que ese argumento de la defensa estaba fuera de lugar... sí, *fuera de lugar*, como en los partidos de futbol.

Siempre alerta

El *crack* del futbol

La Enciclopedia de la Patada

Presenta

EL MARACANAZO

ASÍ (DE OJETE) ES EL FUTBOL

DECLASSIFIED

TOP SECRET

DESCLASIFICADO

"Esto no se acaba hasta que te acaba."

El *Maracanazo* es una expresión que en futbol se refiere a una derrota inesperada. Es como decir "le tocó su *Waterloo*" para los militares o "le tocó su conteo oficial del IFE" para el Peje.

El nombre proviene de un partido en el entonces recién inaugurado Estadio Maracaná de Río de Janeiro, durante la cardiaca final del mundial de 1950, donde la selección brasileña era la favorita **para ganar**.

Había terminado ya la Segunda Guerra Mundial, durante la cual se suspendieron los mundiales de futbol. Además, los últimos dos realizados, el de Italia de 1934 y el de Francia de 1938, habían dejado solo discordia entre las federaciones y padecido boicots por parte de diferentes países, debido a las mafiosas circunstancias en las que se organizaron.

IV CAMPEONATO MUNDIAL DE FUTEBOL
TAÇA JULES RIMET
JUNHO DE 1950
BRASIL

Así pues, dispuestos a lavarse la carita y las manos, los de la FIFA organizaron el Mundial de 1950 en Brasil, el cual sería el campeonato de la reconciliación entre las federaciones y el mundo.

Inglaterra, la inventora del juego, regresaba después de años a la FIFA y asistía su recién independizada colonia, La India. Participaba la nueva Yugoslavia, el primer país socialista creado por las naciones capitalistas. Acudía México, algo que siempre pone a todo el mundo contento (en México) y Uruguay, el primer campeón de la Copa del Mundo de la FIFA...

Uruguay había organizado y ganado la Copa de 1930, pero luego boicoteó los mundiales de 1934 y 1938, y por tanto no participó. Así pues, oficialmente nadie le había quitado al campeón su título. La federación uruguaya aceptó participar en el Mundial de Brasil de 1950, y esto daba al mundo (al menos al del futbol) la sensación de restablecimiento de la armonía y la fraternidad en el nuevo orden internacional.

Para ese campeonato, los brasileños construyeron el estadio más grande del mundo en su momento, un enorme coloso al cual llamaron Maracaná, con capacidad para 78 838 espectadores. Aunque para la final de ese mundial, entraron en el estadio cinco veces más personas. Esa final continúa siendo un record de asistencia de público en partidos oficiales. Como dijo el entrenador español Luis Aragonés: "El deporte se divide en dos: el futbol y los demás".

La propaganda oficial brasileña de 1950 alardeaba que Brasil no solo tenía el estadio más grande del mundo, sino también la selección más grande del mundo. Nada más faltaba que en consecuencia lógica ganaran ese campeonato. Pero como dijo el escritor francés Jean-Paul Sartre: "En el futbol todo se complica por la presencia del contrario."

En el Mundial de 1950, la final se había resuelto con una liguilla entre los cuatro equipos que habían pasado a las finales (México perdió en esa ocasión los primeros tres partidos, iniciando así la larga tradición mundialista de la esperanza del cuarto partido). A la final llegaron dos equipos: Brasil, con dos victorias acumuladas y Uruguay, con una. Así pues, con empatar, los brasileños ganaban el Campeonato. Los uruguayos debían ganar para ganar.

El 16 de julio de 1950 se jugó la final y el estadio Maracaná se encontraba atascado. El público rugía esperando la victoria de su selección. Al descanso del primer tiempo se fueron 0-0.
Los brasileños ya eran campeones con ese resultado. Los cariocas estaban colmados de felicidad, mientras para los uruguayos era todo decepción. Sabían que el orgullo brasileño les exigía ganar la copa por goliza, no por empate, y el siguiente tiempo iba a ser sin piedad. Como dijo el ministro de asuntos exteriores danés durante los 90, Uffe Ellemann-Jensen, cuando le preguntaron acerca de la victoria de Dinamarca sobre Suecia en la Eurocopa: "Si no puedes unirte a ellos, véncelos."

Ambas selecciones se dieron con todo en el segundo tiempo, y contra todo pronóstico, el partido terminó 2-1 a favor de Uruguay. El segundo gol uruguayo, anotado por Ghiggia, deja al estadio sin aliento. Luego él mismo diría: "Solo Frank Sinatra, el papa Juan XXIII y yo hemos hecho callar al Maracaná." Uruguay era el campeón de 1950. Nadie se lo explica, nadie se mueve, nadie hace nada. Las autoridades están en shock.

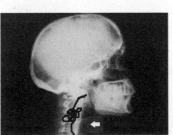

Nudo en la garganta

Un desencajado Jules Rimet baja como puede a la cancha, le da la copa al capitán del equipo uruguayo y le pide que huyan antes de que sea tarde. Lo hacen en medio de los llantos y protestas del público que no puede creer lo que está viendo. Era algo matemáticamente imposible.

Los principales diarios de Brasil tenían sus primeras planas ya impresas dando el triunfo a su equipo nacional. Ya se tenían carros alegóricos para un gran desfile de carnaval que celebraría la victoria. Se habían vendido más de 500 000 camisetas de "*Brasil Campeão 1950*".

Las autoridades brasileñas habían acuñado monedas conmemorativas con los nombres de los futbolistas de su selección, ¡que aún no se devaluaban!

El presidente de Brasil tenía ya su discurso de la victoria... La confianza era tal, que a la banda en el estadio, con instrucciones de interpretar el himno del equipo ganador, no se le dieron las partituras del himno uruguayo. ¿Para qué?

Todo estaba previsto en esa final, menos la victoria de Uruguay.

Los brasileños no lo podían creer. Hubo suicidios colectivos y se armó un motín en el estadio, en Río de Janeiro y en otras ciudades de Brasil.

El entrenador de la selección brasileña, Flávio Costa, debió permanecer oculto dos días en el estadio para evitar que lo lincharan y logró salir solo disfrazado de mujer.

El uniforme de la selección brasileña, blanco completamente, queda considerado como "salado" y es quemado. Nunca más se lo pondrá ese equipo. Para 1954 se convoca a un concurso para el nuevo uniforme, pues los seleccionados ya no tienen qué ponerse. Un caricaturista llamado Aldyr García, de los periódicos del sur, propone el *verdeamerello* que se ha hecho mundialmente famoso.

Pero a quien peor le fue es al portero de la selección brasileña de 1950, Moacir Barbosa do Nascimento, quedó maldito para el resto de su vida.

La gente huía a su paso y lo aborrecían por donde quiera que iba. Ni al expresidente mexicano Carlos Salinas le ha pasado algo así. Terminó como intendente del Maracaná, pero trabajaba cuando no había nadie, para que no lo vieran. Era como el fantasma de la ópera, pero en un estadio de futbol.

En 1993, intentó visitar a la selección brasileña durante una concentración por las eliminatorias para ir al mundial de Estados Unidos, pero no lo dejaron pasar porque estaba "salado" y podía perjudicar al equipo. Al alejarse Barbosa les dijo: "La pena máxima en Brasil son 30 años y yo ya llevo 43 pagando por un crimen que no cometí." En 1997 recibió una pensión de su exequipo, el Vasco da Gama, a condición de que no se parara nunca más en el estadio cuando jugaran. Murió en abril del 2000. Como dijo el comentarista Fernando Marcos (QEPD): *Así es el futbol.*

El juego del hombre

SEXO, MENTIRAS Y FUTBOL

En 1969 dejé las mujeres, pero fueron los 20 peores minutos de mi vida.
George Best, delantero irlandés, conocido como *el quinto Beatle*

Gasté un montón de dinero en autos, alcohol y mujeres. El resto simplemente lo malgasté.
George Best, el único futbolista que ha tenido un entierro de Estado

El futbol es como el sexo: no basta con estar allí, hay que meterla.
Luis Aragonés, entrenador de la selección española

Estoy de acuerdo en que haya sexo antes de los partidos de futbol. Estoy de acuerdo en que los futbolistas tengan sexo después de los partidos de futbol. En lo que no estoy de acuerdo es en que los futbolistas tengan sexo durante los partidos de futbol.
Pelé, al opinar sobre las medidas de abstinencia para los seleccionados durante los mundiales de futbol

El sexo y el futbol son dos deportes que fascinan a los hombres, y generan un gran espectáculo, (para los hombres) pero cuando se mezclan, los resultados suelen ser… polémicos, por decirlo de una manera amable.

Este capítulo está dedicado a escudriñar en torno al gran debate del futbol contemporáneo. Si el futbol debe ser con sexo o sin sexo es uno de las grandes controversias nacionales que están arriba en el *top ten* de *Las polémicas por las que matan los mexicanos*, al menos hasta noviembre de 2012.

Las 10 polémicas por las que matan los mexicanos
Fuente de información: El INEJI (un amigo que se llama INocencio Escobar JIménez)

La medición se hizo con base en el índice de violencia que generan estas discusiones entre los mexicanos después de cinco minutos de debatirse el tema. El grado de confiabilidad de esta encuesta es de más menos 3.6 madrazos por cuestión.

1. Los chiles en nogada deben ser capeados o sin capear.

2. El Ángel de la Independencia es hombre o mujer.

3. **El futbol debe ser con sexo o sin sexo**.

4. Masiosare, el del himno nacional, es el nombre de una persona o no lo es.

5. El petróleo debemos privatizarlo para poder venderlo al extranjero o nomás le seguimos llamando a eso mismo "exportaciones petroleras" para que nadie se ofenda.

6. El chihuahueño es una variedad de perro o de rata.

7. El grado que le falta al pulque para ser carne es Gay Lussac o centígrado.

8. El gentilicio de los nacidos en Metepec es Metepequeño o Metepequense.

9. Chabelo es niño o anciano.

10. Existe la hembra de la especie del "gallito inglés".

El pullbol

El tema del sexo y los futbolistas es tan vasto que incluso ha generado una sección especial en las revistas del corazón, de deportes y de espectáculos. De hecho, sería un gran negocio publicar una revista que tratara exclusivamente sobre este asunto. Se podría llamar *TV GOLES*, con morbosas y coloridas portadas como esta.

Espero pronto contar con un socio capitalista para publicar este semanario (YA LO TENGO REGISTRADO) que sin duda hará que en todos los salones de belleza de México las señoras hablen de futbol.

Volviendo al tema que nos ocupa, ¿es mito o realidad que el sexo debilita o resta energía a los atletas antes de cada actividad deportiva de alto rendimiento…?

SEX o no SEX

La polémica de si hay que darle cauce a la inquietud antes de cada competencia deportiva es algo que ha dividido a los atletas en todo el mundo. Incluso, el Comité Olímpico Internacional no tiene ninguna opinión técnica al respecto. Así pues, por ahora, no puede acusarse al sexo se ser una trampa para minar al adversario o una nueva forma de dopaje para ganar.

Nada es verdad nada es mentira, todo es según el calzón con que se tiran

El futbolista brasileño Romario considera que los buenos atacantes solo marcan goles si han mantenido buenas relaciones sexuales el día anterior. "Es así como he jugado mis mejores partidos", asegura. Inclusive se sabe que en el contrato con su club, una de las cláusulas establece que no se le puede poner en celibato futbolístico.

La nadadora alemana Franziska van Almsick cree que debe sus medallas olímpicas en parte a las relaciones sexuales previas, pues "el sexo —afirma— siempre me ha dado una potencia extra. Las relaciones sexuales forman parte de mi calentamiento antes de una prueba". Al parecer, sus entrenadores le permiten eso a la nadadora porque cuando preguntan "¿Qué hace Franziska?", les contestan: "Nada…"

En el lado opuesto de estas opiniones, está el esquiador alemán Ronny Ackerman, quien asegura que logró ganar una medalla de plata en una importante prueba internacional tras mantener una abstinencia sexual de 389 días. Sin embargo, si a quien de verdad hay que preguntarle su opinión es a quien ganó la medalla de oro, y como conteste que la obtuvo después de 536 días de sexo frenético, se acabó la tesis de Ackerman.

También el atleta británico Linford Christie cree que "no tener relaciones te vuelve más agresivo, y esa agresividad es fundamental en el momento de la verdad". Pero… ¿la histeria sexual de verdad puede hacer ganar mundiales de futbol?... ¿o solo sirve para darle más patadas al delantero contrario que a la pelota?

En el mundo del futbol internacional aún no hay nada claro en esta materia, pues mientras grandes estrellas de este deporte se pronuncian a favor, grandes entrenadores lo hacen en contra. Por ejemplo Ronaldinho, del Barce-

lona, dice que a él el sexo lo ayuda, lo relaja y le permite jugar mejor. Y Cristiano Ronaldo, del Real Madrid, va aún más allá al afirmar que si él no tiene sexo antes de cada partido no puede anotar goles. Por otro lado, entrenadores como Luis Aragonés, de España, o César Luis Menotti, de Argentina, opinan que la abstinencia antes de un partido es imprescindible para ganar, por lo que ven a sus jugadores como monjes ascetas de la orden de los Manuelianos descalzos.

Una encuesta realizada en 2011 por un diario flamenco a 281 jugadores de futbol de la liga de Bélgica reveló que 65 % de ellos mantienen relaciones sexuales el día anterior a un partido y que, incluso, un 3 % las mantienen el mismo día del encuentro (y 0.35 %, en lugar del partido, faltando al mismo por quedarse a echar pata). Sin embargo, no sabemos si es por eso que es tan mala la liga de futbol belga, o si es gracias a eso que no empeora más.

Por otro lado, la noticia aparecida en febrero de 2013 de que a la selección de Nigeria se le ofreció como estímulo para ganar el Mundial de la Copa Africana UNA SEMANA DE SEXO GRATIS, por parte de la Asociación de Prostitutas de Nigeria (APN), deja atrás todo lo que hasta antes se conocía como primas, bonos, extras, privilegios y demás premios especiales con los cuales se motivaba a los jugadores para ganar un torneo de futbol. Esta oferta se la hizo dicha organización al equipo a través de su secretaria general, Jessica Elvis, luego de saberse que la selección nigeriana había pasado a la final que se jugaría contra el equipo de Burkina Faso. El 10 de febrero de 2013 el conjunto de Nigeria venció 1-0 a esta selección, obteniendo así su tercer título como campeón de la Copa Africana. Sin embargo, no sabemos si lo que impulsó a los futbolistas al triunfo fue el sexo u obtener algo gratis.

(obras inútiles)

En nuestro país, la Federación Mexicana de Futbol ha mantenido respecto a este asunto diversas posiciones extremas: desde la prohibición absoluta hasta la obligatoriedad total. Aunque la postura oficial más constante ha sido la consigna de "No pueden hacerlo, pero si lo hacen inviten", y los escándalos de los seleccionados de México por esta causa son frecuentes. En los Juegos Olímpicos de Barcelona de 1992, el equipo mexicano de futbol, tras ser eliminado y cuando sus integrantes ya estaban haciendo sus maletas para regresar a casa, fue retenido por los administradores de la villa olímpica, pues debía una fortuna en llamadas a *hot lines* que NADIE quería pagar. Al final, parece que el presupuesto del Comité Olímpico Mexicano del resto de ese sexenio se fue en saldar dichas cuenta que pasaron a su contabilidad como "Pláticas motivacionales de excelencia y liderazgo", para poder justificarlas en sus gastos.

En 2010, los seleccionados organizaron en Monterrey una fiesta para celebrar el triunfo frente al equipo de Colombia. Ahí, el defensa del conjunto mexicano, Car-

los Salcido, se vio envuelto en un escándalo, después de publicarse que tuvo sexo oral con un travesti, llamado Yamille o Gema, quien en entrevista para una revista de espectáculos confirmó lo sucedido e incluso dijo que si querían podían hacerle pruebas de ADN a las manchas de su vestido, como en su tiempo hizo la becaria de la Casa Blanca, Mónica Lewisky.

El asunto originó una investigación por parte de la Federación, pues este hecho presumía que los seleccionados participaron en una orgía y esto requería de una severa medida disciplinaria. El argumento oficial para aplicarla fue completamente técnico, pues se acusaba a los jugadores de haber faltado a su deber de mantenerse en absoluta abstinencia por la disciplina y cuidados que debían guardar antes de un partido de futbol. Sin embargo, esta causa se vino abajo cuando los futbolistas argumentaron que la fiesta la hicieron DESPUÉS y no ANTES del partido, por lo cual no faltaron a ninguna orden del entrenador. Pero a los seleccionados les aplicaron la doctrina del entrenador alemán Sepp Herberger, ganador del Mundial de 1954: "Después del partido es antes del partido" y se los ensartaron. La Federación no concluyó la investigación, pero de cualquier manera amonestó a algunos jugadores al subrayar que en la selección nacional *no somos así*, y de esta manera no perder los patrocinadores que quieren asociar su marca con valores familiares. Vela y Juárez, quienes organizaron el festejo, fueron suspendidos de la selección durante seis meses. A Salcido no le hicieron nada, pues la Federación consideró que con lo que iba a hacerle su esposa en casa sería suficiente castigo.

En 2011 los del Tri Sub-22 en Ecuador, en plena concentración monástica y de riguroso celibato futbolístico, llamaron a unas prostitutas a su hotel. Después del buen rato las mujeres, aparentemente en complicidad con otras personas, desvalijaron a los jugadores y los robaron. Fueron suspendidos ocho futbolistas de esa selección por este asunto. Increíblemente, los deportistas aseguraron que jamás tuvieron sexo con las damas que entraron en sus cuartos, por lo que al parecer solo las contactaron para que los asaltaran. Por cierto, en ese torneo, México salió por la puerta de atrás. Jamás sabremos si el bajo desempeño del equipo se debió a que les faltó o les sobró sexo.

Futbol nudista, especialmente diseñado para anular
sabotajes a los partidos de personas que entran
corriendo desnudos a la cancha.

El origen del grito futbolero de Oé, oé, oé, oéeee

¿ESTAMOS A SIETE GRADOS DE SER CUÑADOS DE CUAUHTÉMOC BLANCO?

Ese trío son un par de vividores.
Cuauhtémoc Blanco, futbolista mexicano

Pobre México, tan cerca del futbol
y tan lejos de la ciencia.
Niña Carolina Arana Cruz, durante su discurso
en el Congreso Internacional de Pediatría, en
la Ciudad de México, el 4 de junio de 2013

Todo cuanto sé con mayor certeza sobre la moral
y las obligaciones de los hombres, se lo debo al futbol.
Albert Camus, escritor francés,
premio Nobel de Literatura de 1957

Existe la teoría de que cualquier persona está a siete grados de poder hacer contacto con cualquier otra persona del planeta. Se trata de un algoritmo de probabilidades de acuerdo con el cual entre tú y cualquier otro ser humano en el mundo solo hay siete conexiones más con otras personas y ¡listo! Ya diste con ella. Es decir: tú conoces a alguien, que a su vez conoce a alguien, que a su vez conoce a alguien, que a su vez conoce a alguien, que a su vez conoce a alguien, que a su vez conoce alguien, que a su vez conoce… a la persona que estás buscando. Esta fórmula es utilizada por los detectives de Interpol para localizar criminales internacionales y por los niños de Oaxaca para encontrar a su maestro de primaria de la CNTE.

Sin embargo, este axioma también puede medir otro tipo de conexiones humanas, como las sexuales. Ocurre que, como es de todos conocido, jugar futbol e incluso ver jugar futbol aumenta los niveles de testosterona (la hormona masculina). Así pues, los hombres que practican este deporte de contacto o son aficionados al mismo tienen más deseo sexual que los otros, según investigaciones del Laboratorio de Neurociencia Social Cognitiva de la Universitat de València. Sí, en ese tipo de estudios se gasta el dinero de las universidades públicas, y luego se extrañan de que ahí sea el primer lugar en donde recortan el presupuesto.

En todo caso, este descubrimiento podría explicar por qué en México, donde evidentemente no tenemos ninguna aptitud para el futbol, seamos tan aficionados a este deporte. La razón: somos bien calientes. Como sea, es un hecho que la testosterona sí aumenta con el futbol y con ello el deseo sexual de los hombres. Y si ya de por sí un mexicano promedio se quiere coger a todas las mujeres, un futbolista mexicano se quiere coger a todo lo

que se mueva. Esto es fácilmente comprobable siguiendo la intensa vida sentimental de cualquier delantero más o menos famoso de nuestro futbol, algo bastante sencillo gracias a la pujante industria del periodismo de espectáculos de nuestro país, que en sus diversos formatos dedica espacios amplísimos a cubrir y dar puntual seguimiento a las relaciones amorosas de los futbolistas. Ahí se narran, con la misma emoción y detalles con los cuales los cronistas deportivos describen un partido, las manoseadas que estos atletas le pusieron a una bailarina exótica cuando estaban borrachos y desnudos dentro de la piscina de un hotel de lujo que llenaron con vodka para después prenderle fuego y hacerse unos bombones flameados (digo, la manera normal como uno se relaja después de un día de trabajo).

Los hechos confirman que los futbolistas mexicanos se la pasan poniéndole con mucha más frecuencia de la que respiran (es importante aclarar que me refiero a ese selecto círculo de deportistas que ganan más de 700 000 pesos al mes por jugar futbol; los demás, quienes practican este deporte en los polvorientos llanos de sus barrios hasta que la patada de algún adversario les lesiona gravemente una pierna, pueden decir: "¡Por fin cojo!").

Por eso, siguiendo la teoría de los siete grados para encontrar a una persona, sinceramente, creo posible que todos los mexicanos estemos a tan solo siete grados de ser cuñados de Cuauhtémoc Blanco, o de andar con alguna mujer con la que él tuvo algo que ver.

DEMOSTRACIÓN CIENTÍFICA

Para la siguiente parte, tuve la fortuna de contar con la colaboración de Gisselle Lara Álvarez, experimentada periodista de espectáculos y revistas del corazón, quien me apoyó y asesoró para poder consignar, de manera precisa, el desarrollo de las relaciones amorosas de nuestro Cuau, aunque reconozco que tal vez se me hayan escapado dos o tres… mil. Así pues, por favor, revise usted la lista y si no se encuentra, por favor, colóquese en la parte de "ANEXOS".

Árbol cachondo-lógico de Cuauhtémoc Blanco

- **Marisela Santoyo:** primera esposa y con quien tuvo un hijo en 2002. Cuau le puso el cuerno con:

- **Liliana Lago la Nacha Plus**, quien estaba casada con el comentarista de deportes **Enrique Garay**, del que se divorció en medio del escándalo. Por su parte, el cronista deportivo encontró el amor en otra mujer que no tiene nada que ver con el medio artístico, mientras la modelo tuvo una hija con Cuauhtémoc Blanco (Bárbara), aunque no logró casarse con él.

- Meses después, Cuau inició noviazgo con **Galilea Montijo** (quien había terminado un romance con **Gabriel Soto**, el galán de **Martha Julia**, quien le puso el cuerno con **Jorge Kahwagi**). Galilea y el examericanista duraron muchos años y con planes de matrimonio, pero él le puso el cuerno con la conductora **Lili Brillanti**, quien a su vez estaba casada con el dentista **Jaime Rivas**. La jalisciense intentó olvidar este episodio de su vida con un albañil cubano, **Gilberto Sobrero**, pero no lo logró. Así pues, de buenas a primeras, cayó en los brazos del **Dr. Krazovsky**, quien estaba casado con **Elsa Vázquez** y se divorció de ella para proponerle matrimonio a Gali. Esta a su vez lo aceptó, pero tiempo después le puso el cuerno con el político **Fernando Rivera**, quien dejó a su esposa **Paola Carus** para casarse con Montijo, la cual tuvo un hijo de él. Se supo que años atrás Rivera fue novio de **Hanny Sanz**, viuda de **Raúl Vale**, la manzana de la discordia entre el fallecido cantante y **Angélica María**.

- Por su parte, Cuau se dio a la tarea de conquistar el corazón de **Rossana Nájera**, y ya cuando la tenía muy segura y comprometida, le fue infiel por partida doble, primero con **Sandra Montoya** (quien tuvo romances con **Juan Osorio**, **Carlos Trejo el Cazafantasmas** y **Rafael Goyri**, hermano del actor Sergio Goyri). Después se fue con la empresaria **Gladys Gallardo** (quien vivió un efímero romance con **Joan Sebastian**) y Nájera continuó su vida sentimental al lado del actor **Jorge Luis Vázquez**, de quien no se supo mucho.

- Mientras tanto, Cuauhtémoc pasó divertidas noches a lado de **Marisol González** (mejor conocida por su romance con **Saúl El Canelo Álvarez**, quien se dice que actualmente anda con **Cynthia**, actriz y exacadémica de TV Azteca). La conductora de Televisa Deportes negó el romance con el Cuau y a los pocos días gritó su amor a los cuatro vientos por el jugador de las Chivas **Rafael Márquez,** con quien ya terminó.

- En 2011, el futbolista **Pavel Pardo** se divorció de su esposa **Cristina**, a quien su amigo y colega Cuauhtémoc se dio a la tarea de consolar. Pavel, en seguida, se casó con **Bárbara Urrea** y tuvo un hijo, mientras su ex y el examericanista siguieron un romance que no fructificó, porque el futbolista le puso el cuerno con varias amiguitas cariñosas.

- Después de haber sido cachado en sus movidas, Cuau inició otro romance con la actriz de Televisa **Ivonne Ley** que poco duró, porque apareció en escena **Lourdes Munguía** (quien se casó a los 20 años con **Enrique Perusquia** y de quien se divorció). La actriz ha sido el amor platónico de Cuau, por lo

que no descansó hasta conquistar su corazón. Y a pesar de la diferencia de edades (ella es 12 años mayor que él), aún viven un tórrido romance. Cuau ha confirmado que desde que tenía 19 años se ha sentido atraído por esta bella actriz.*

---

* Todos los anteriores contactos interpersonales han sido confirmados por las serias publicaciones: *TV Notas*, *TV y Novelas*, *¡Basta!* y *¡Órale!*, medios cuyo prestigio y profesionalismo avalan la autenticidad de todos los datos aquí consignados.

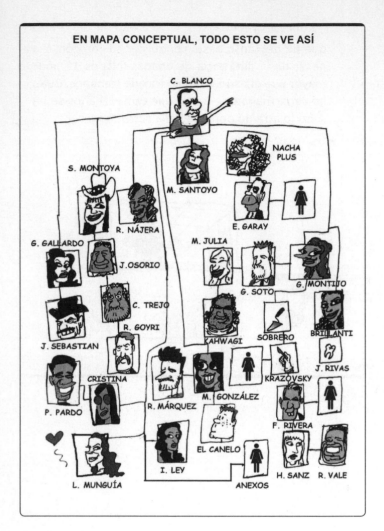

Como podemos apreciar, la probabilidad de ser cuñados de Cuauhtémoc Blanco o andar con alguna mujer que haya "conocido" en el sentido bíblico de la palabra a este futbolista es mucho más alta de lo que parece a simple vista. Y esto es algo muy bueno, pues esta certeza por fin podría darnos a todos los mexicanos un sentimiento de hermandad que nos una para poder enfrentar juntos todos los problemas que desafían a nuestra sociedad.

(La otra versión de
"la mano de Dios" de Maradona)

LA RELIGIÓN MARADONIANA

El futbol es popular porque la estupidez es popular.
Jorge Luis Borges, escritor argentino

Pelé es homosexual.
Maradona, ex futbolista argentino

Yo, ¿en contra de los homosexuales? Para nada.
Es mejor que existan, porque así dejan más mujeres
libres para los que somos de verdad machos.
Maradona, al preguntársele por qué
dijo que Pelé era homosexual

El futbol es la única religión que no tiene ateos.
Eduardo Galeano, escritor uruguayo

(Papa argentino)

A menudo, el futbol da noticias desconcertantes, como la
que fue portada de la revista *TV Notas* del 20 de septiembre de 2013, donde Álex Lora, el cantante del grupo de
rock mexicano El Tri antes llamado Three Souls in My
Mind, declara que piensa demandar a la selección mexi-

cana de futbol por usar indebidamente el nombre de El Tri (forma abreviada de la denominación el Equipo Tricolor), pues se trata de una marca registrada por él para su conjunto musical, y el uso de este título por parte del equipo nacional, además de ser un acto de piratería, desprestigia a su agrupación musical, ya que no desean ser asociados con los futbolistas por sus lamentables resultados en los mundiales de la FIFA.

O aquella otra nota aparecida el 7 julio de 2013 en la que se consignó el hecho ocurrido en Maranhão, al norte de Brasil, donde el árbitro Jordan Silva, tras discutir con un jugador luego haberle sacado una tarjeta roja, sacó un puñal y lo asesinó. Este hecho desencadenó el linchamiento del silbante por parte de los aficionados asistentes al partido, quienes terminaron descuartizándolo.

Y qué tal esa asombrosa noticia publicada a finales de 2012 que daba cuenta de que el equipo Quito FC, de la primera división de Ecuador, despidió a diez jugadores que llevaban cuatro meses sin cobrar porque se presentaron a pedir que por favor ya les pagaran. Así, como si fueran caricaturistas mexicanos después de la última reforma laboral (sí, lo reconozco, este tipo de notas hacen que me proyecte bien gacho. Qué le vamos a hacer).

O la nota que consternó a todo México en 2010, cuando nos enteramos de que Omar el Gato Ortiz, portero de los Rayados del Monterrey, formaba parte de una banda de secuestradores y utilizaba sus conexiones y su fama como futbolista para atraer a las víctimas.

O cuando en 2006 se dio a conocer la siguiente noticia:

FUTNOTICIAS

ABOGADO MEXICANO PROMUEVE AMPARO JUDICIAL POR EXCLUSIÓN DE BLANCO DEL MUNDIAL

Agencia EFE. 24-04-2006. Ciudad de México. Un abogado mexicano decidió solicitar un amparo ante la justicia de su país por la decisión del técnico de la selección nacional, el argentino Ricardo Lavolpe, de no incluir al delantero Cuauhtémoc Blanco en la lista de convocados para el Mundial de Alemania 2006, publicó el miércoles el diario *Reforma*.

"Estamos reclamando que se nos den razones, motivos y causas lógicas de su decisión, ya que provoca un agravio a la afición mexicana", aseguró el letrado Humberto Ramírez, quien no representa al jugador.

En su momento, este amparo no prosperó. Cosa rara, pues México es un país donde te pueden otorgar un amparo incluso para que en ti no pueda ejercer la ley de gravedad (yo siempre que debo volar tramito uno por si se cae el avión).

Pero en 2006, antes de que se supiera que un juez terminó por rechazar este recurso, publiqué algunas otras opciones que teníamos los mexicanos por si la estrategia legal para incluir al Cuau en la selección nacional se nos caía. Estas son algunas de las propuestas que di a conocer hace siete años en un artículo que se tituló:

"¿Y SI EL AMPARO FALLA?"

... En estos momentos el futuro del país depende del criterio de un juez. Yo tengo confianza en nuestras instituciones y en los grandes beneficios que nos da nuestro adelantado sistema jurídico, pero somos mexicanos. Así pues, debemos estar preparados para lo peor. Es por ello que propongo tener en mente medidas alternativas para lograr que Lavolpe incorpore al Cuau a la selección mexicana, antes de que sea demasiado tarde.

1. **Que el Cuau forme su propia selección SOLO con clones suyos y se vaya al Mundial con su equipo, dirigido por Hugo Sánchez, solo para joder a Lavolpe.**

2. **Hacer una mega manifestación en el Zócalo diciendo que todo fue un compló del innombrable que quiere sacar a Cuau de la selección porque a México "le quieren ganar a la mala".**

3. **Patrocinar un levantamiento armado indígena que reconozca a Cuauhtémoc (Blanco) como el último rey azteca, y sacarle el corazón a Lavolpe en el altar del Templo Mayor, como parte del próximo Festival del Centro Histórico.**

4. **Declarar al Cuau delantero plurinominal de la selección nacional, para que tengan que incluirlo a huevo.**

Nadie me peló. Pero, como de cualquier manera Cuauhtémoc Blanco no fue al Mundial de 2006 y no pasamos del cuarto partido, hoy tengo la enorme satisfacción de poder decirles: SE LOS DIJE (Estoy de acuerdo en que, aunque Cuau hubiera ido, tampoco se hubiera podido lograr nada más. Pero eso también SE LOS DIJE).

Pero, sin duda, la noticia más impactante de los últimos 100 años en la historia del futbol es la aparición de la Iglesia maradoniana. Esta religión nació en un principio como una puntada para divertirse, algo chusco y entretenido para pasar el rato y pasarla bien con los amigos. Sin embargo, al transcurrir el tiempo, se ha ido convirtiendo en una institución muy seria que tiene adeptos en muchos países y cuyos asuntos preocupan y ocupan a miles de personas en todo el mundo. Le ocurrió exactamente lo mismo que al futbol.

Fieles de la Iglesia Maradoniana durante una peregrinación a un estadio

La Iglesia maradoniana surgió en 1998. Fue inventada por dos periodistas argentinos de la ciudad de Rosario: Hernán Amez y Alejandro Verón. Hoy por hoy, esa religión tiene más de 300 000 fieles en Argentina, más de 10 000 en España y en México cuenta con más de 3 000... De hecho, en nuestro país se han realizado al menos tres bodas de parejas bajo el rito maradoniano en partidos de futbol, y también se ha bautizado a bebés con los nombres de Diego, Pelusa (apodo con el cual se conoce a Maradona) y Maradona (nombre para una niña).

Oficiantes del culto de la Iglesia Maradoniana durante una ceremonia religiosa

Esta religión considera que Diego Armando Maradona es Dios y ha establecido el 29 de octubre como su Noche Buena y el 30 como su Navidad, pues este día nació el futbolista. Esta fe se rige por 10 sencilliiitos mandamientos:

1. No manchar la pelota, como dijo D10S en su homenaje.
2. Amar al futbol por sobre todas las cosas.
3. Declarar tu amor incondicional por Diego y el buen futbol.
4. Defender la camiseta Argentina, respetando a la gente.
5. Difundir los milagros de Diego en todo el universo.
6. Honrar los templos donde predicó y sus mantos sagrados.
7. No proclamar a Diego en nombre de un único club.
8. Predicar los principios de la Iglesia Maradoniana.
9. Llevar Diego como segundo nombre y ponérselo a tu hijo.
10. No ser cabeza de termo y que no se te escape la tortuga.

Esta es la oración del Diego Nuestro:

"Diego Nuestro que estás en las canchas, santificada sea a tu zurda. Venga a nosotros tu magia. Háganse tus goles recordar en la Tierra como en el Cielo. Danos hoy la magia de cada día, perdona a los ingleses, como nosotros perdonamos la mafia napolitana. No nos dejes caer en *off-side* y líbranos de Havelange y Pelé."

La rápida expansión de este culto se debe a la increíble facilidad que da esta iglesia para poder abrazar la nueva fe. Basta con inscribirse en la página de internet de la Iglesia Maradoniana, ¡y listo! Sin penitencias, sin confesiones, sin alimentos prohibidos, sin ritos, sin amputaciones y sin tener que aprenderse dogmas, historias y oraciones.

Símbolo de la Iglesia Maradoniana

Debo confesar que yo pertenezco a la Iglesia maradoniana y me he convertido a esta fe recientemente por una poderosa razón espiritual. Maradona es el único Dios que conozco al que, si en mis oraciones le rezo para conseguir dinero, él a lo mejor sí me lo presta.

FIN

BIBLIOGRAFÍA

Blundell, Niguel, *Grandes errores*, Edivisión, 1987.

Brizo, Eduardo, *El silbatazo final*, Futbología, 2011.

Buceta, Jacobo, *Futbol es futbol*, Xerais, 2012.

Celma Jiménez, Joan, *El ABC del gestor deportivo*, INDE, 2004.

Di Stefano, Alfredo, *Gracias vieja. Memorias de Alfredo Di Stefano*, Aguilar, 2000.

Etxarri, Mikel, *100 frases al pie*, edición del autor, 2010.

Forzan, Hussein, *Cuauhtémoc Blanco. Del Barrio al Azteca*, Norma, 2007.

Gilbert, Adrian, *Ilustrated History of World War I*, Portland House, 1998.

Gómez Junco, Roberto, *En un lugar de la cancha… Dichos y hechos del futbol*, Font, 2011.

Ryszard, Kapuscinski, *La guerra del futbol*, Anagrama, 1992.

Llopis Gois, Ramón, *Futbol postnacional*, Antrophos, 2009.

Relaño, Alfredo, *366 historias del futbol mundial que deberías saber*, Booket, 2010.

VVAA, *La Segunda Guerra Mundial*, 12 tomos, Codex, 1972.

VVAA, *Segunda Guerra Mundial*, 15 tomos, Time Life/Folio, 1995.

Viñas Gracia, Carles, *El mundo ultra: los radicales del futbol español*, Temas de Hoy, 2009.

Villoro, Juan, *Dios es redondo*, Booket, 2010.